MAISTO SU ŽOLĖLĖMIS VIRŠINĖS KNYGA

100 IDĖJŲ JŪSŲ RECEPTAMS

MANTAS URBONAS

Visos teisės saugomos.

Atsisakymas

Šioje el. knygoje pateikta informacija turi būti visapusiškas strategijų, kurias šios el. knygos autorius ištyrė, rinkinys. Santraukos, strategijos, patarimai ir gudrybės yra tik autoriaus rekomendacijos, o šios el. knygos skaitymas negarantuoja, kad rezultatai tiksliai atspindės autoriaus rezultatus. El. knygos autorius dėjo visas pagrįstas pastangas, kad pateiktų naujausią ir tikslią informaciją el. knygos skaitytojams. Autorius ir jo partneriai neprisiima atsakomybės už bet kokias atsitiktines klaidas ar praleidimus. El. knygos medžiagoje gali būti trečiųjų šalių informacijos. Trečiųjų šalių medžiagą sudaro jų savininkų nuomonė. Todėl el. knygos autorius neprisiima atsakomybės už bet kokią trečiųjų šalių medžiagą ar nuomones.

El. knygos autorių teisės priklauso © 2022, visos teisės saugomos. Draudžiama perskirstyti, kopijuoti arba kurti išvestinį darbą iš šios el. knygos visos ar jos dalies. Jokia šios ataskaitos dalis negali būti atgaminta ar perduota bet kokia forma be raštiško ir pasirašyto autoriaus leidimo.

TURINYS

TURINYS..3

ĮVADAS..7

ŽOLELĖS PUSRYČIAI..9

1. Kiaušiniai, įdaryti nasturtomis..............................10
2. Frittata su laukinėmis žolelėmis...........................13
3. Kiaušiniai žolelių padaže......................................15
4. Pita iš žalumynų, žolelių ir kiaušinių.....................18
5. Šviežia žolelių dešra..21

ŽOLELĖS UŽKARČIAI..23

6. Kūdikių morkos žolelių acte..................................24
7. Artišokai su žolelėmis..26
8. Kanapės su citrinų-žolės glaistu...........................29
9. Šviežių žolelių sūrio pica......................................32
10. Šviežių žolelių ir laiškinių česnakų sausainiai......35
11. Vietnamietiški pavasariniai suktinukai.................38
12. Keptas haloumi sūris..41
13. Žolelių frittelle..44
14. Žolelių krevetės aluje..47
15. Džiovintos figos su žolelėmis...............................50
16. Lengva žolė focaccia..52

ŽOLELĖ VIŠTA IR KALAKATA...................................55

17. Susmulkinta žolelių vištiena................................56
18. Vištienos grietinėlė su žolelėmis.........................59
19. Abrikosų Dijon glazūruota kalakutiena................61
20. Vištiena ir ryžiai ant žolelių padažo....................64
21. Vištiena su grietinėle ir žolelėmis.......................67
22. Vištienos madeira ant sausainių........................70

23. Vištienos sriuba su žolelėmis....................................73
24. Vištiena su vynu ir žolelėmis....................................76

ŽOLELĖS MAKARONAI..78

25. Žolelių ravioliai..79
26. Linguine su mišriomis žolelėmis..................................82
27. Farfalle su žolelių padažu.......................................85
28. Kiaušinių makaronai su česnaku..................................88
29. Cappelini su žolelių špinatais...................................91
30. Gnocchi su grybais...94

ŽOLELĖS JŪROS GĖRYBĖS..97

31. Žolelių krevečių kremas..98
32. Malaizijos žolelių ryžiai.......................................101
33. Angelų plaukai su rūkyta lašiša................................104
34. Menkė su žolelėmis..107
35. Šaltai kepta lašiša...110
36. Krapų žolelių filė..113
37. Traškiai kepta žuvis ir žolelės.................................116
38. Fettuccine su krevetėmis..119
39. Midijos su česnaku..121
40. Karibų žuvis su vynu..124
41. Velniai su česnakine žolele.....................................127

ŽOLELĖ KIAUŠIENA IR ĖVIENA..130

42. Kiaulienos kotletai su žolelėmis................................131
43. Vienuolyno žolelių dešra..134
44. Avienos filė su žolelėmis.......................................137

ŽOLELĖS DARŽOVĖS..140

45. Šparagai su žolelių užpilu......................................141
46. Kukurūzų troškinys su žolelėmis.................................144
47. Žolinė kukurūzų šukutė..147
48. Kepti žolelių ryžiai su pekano riešutais........................149

49. Daržovių salotos...152
50. Avinžirnių ir žolelių salotos..............................155
51. Vasarinė moliūgų sriuba....................................158
52. Šviežios žolelės ir parmezanas........................161
53. Žolelių daržovių konfeti....................................164
54. Bavariška žolelių sriuba....................................166
55. Skrudinti žoliniai miežiai....................................169
56. Anakardžių kepsnys su žolelių įdaru...............172
57. Kasha su džiovintais vaisiais............................175

ŽOLELĖS DESERTAI...178

58. Ledai su citrinų žolelėmis.................................179
59. Žolelių želė..182
60. Žolelių citrininiai sausainiai...............................185
61. Vištienos pyragas su žolelėmis........................188
62. Žolelių popover mišinys....................................191

ŽOLĖLĖS DUONOS..194

63. Žolelių suktinukai...195
64. Sodo žolelių duona...198
65. Levandų žolelių duona.....................................201
66. Čedaro kviečių žolelių pusmėnuliai..................204
67. Kukurūzų miltų žolelių duona...........................207
68. Kaimo žolelių pusmėnuliai................................209

ŽOLELĖS PARDUOTAI..211

69. Žolelių prieskoniai...212
70. Etiopijos žolelių mišinys (berbere)...................214
71. Žolelių salotų padažo mišinys..........................217
72. Sumaišytas žolelių actas..................................220
73. Mišrus žolelių pesto..222
74. Garstyčių-žolės marinatas................................225
75. Žolelių desertinis padažas................................227
76. Citrusinių žolelių užpilas...................................229

77. Kotedžo-žolės užpilas..................................232
78. Provanso žolelių mišinys............................234
79. Žolelių ir aliejaus marinatas.......................236
80. Lengvi žolelių actai.................................238
81. Rūgščių-čiobrelių pesto.............................240
82. Agurkų žolelių užpilas..............................243
83. Žolelių pekano trina.................................245
84. Skanus žolelių užpilas..............................248
85. Česnako-citrinos-žolės įtrinti.....................251
86. Dolce latté žolelių padažas........................253
87. Prancūziškas žolelių mišinys.......................256
88. Žolelių ir prieskonių sviestas.....................258
89. Žolelių daržovių užpilas............................260
90. Šoninės, pomidorų ir žolelių padažas............263
91. Česnakinių žolelių užtepėlė.......................265
92. Chevre su žolelėmis užtepėlė.....................268

ŽOLELĖS GĖRIMAI..270

93. Aštrus žolelių likeris...............................271
94. Vaisių žolelių šalta arbata........................274
95. Ledo žolelių aušintuvas............................276
96. Aviečių žolelių arbata..............................281
97. Kardamono arbata....................................283
98. Sassafras arbata.....................................285
99. Moringos arbata......................................287
100. Šalavijų arbata.....................................290

IŠVADA..292

ĮVADAS

Žolelės – tai aromatingi valgomieji augalai, naudojami patiekalams suteikti skonį. Dauguma žolelių yra naudojamos kulinarijos ir medicinos reikmėms ir gaunamos iš augalų, kurie gali būti naudojami jų lapams, kaip žolės, taip pat jų sėkloms, kaip prieskoniams.

Virėjai ir namų virėjai naudoja šviežias ir džiovintas žoleles, gamindami saldžius ir pikantiškus patiekalus – nuo sočių padažų iki lengvų salotų ir kepinių su žolelėmis. Be kulinarinio naudojimo, vaistinių žolelių ir jų vertingų eterinių aliejų nauda sveikatai buvo vertinama nuo viduramžių, pradedant nuo priešuždegiminių ir antivirusinių savybių, baigiant odą valančiomis vietinėmis savybėmis.

Kai žolelių sezonas, džiaukitės receptais, kuriuose yra dangiškų rozmarinų, baziliko, krapų, mėtų, raudonėlio ir čiobrelių. Maisto gaminimas su žolelėmis ne tik išskiria puikius šviežius skonius, bet ir yra sveikas!

Čia žolelės yra pagrindinis ingredientas, o ne garnyras. Pusė puodelio ar daugiau baziliko, kalendros, mėtų ar bet kurios kitos šviežios žolelės gali būti tiesiog bilietas, suteikiantis gyvo skonio visų rūšių patiekalams. Nuo avinžirnių salotų su krapais iki puraus falafelio, supakuoto su kalendra ir petražolėmis, iki gaiviausių mėtų ledų.

Šviežių ir džiovintų žolelių naudojimo skirtumai

Kulinariniais tikslais dažniausiai pirmenybė teikiama šviežioms žolelėms, o ne džiovintoms, nors džiovintų žolelių naudojimas turi pranašumų. Nors šviežių žolelių gyvavimo laikas yra daug trumpesnis, džiovintos žolės gali išlaikyti savo skonį iki šešių mėnesių, kai laikomos sandariame inde tamsioje vietoje kambario temperatūroje.

Nors džiovintos žolelės paprastai naudojamos viso gaminimo procese, kadangi ilgalaikis karštis ir drėgmės poveikis gali išgauti prieskonius iš žolelių, šviežios žolelės dažniau dedamos baigiantis gaminimui arba kaip garnyras gaminimo pabaigoje.

ŽOLELĖS PUSRYČIAI

1. Kiaušiniai, įdaryti nasturtomis

Išeiga: 2 porcijos

Ingredientas

- 2 dideli kietai virti kiaušiniai
- 4 maži nasturtės lapai ir švelnūs stiebai; susmulkinti
- 2 Nasturtės žiedai; supjaustyti siauromis juostelėmis
- 1 šakelė Šviežios vyšnios; susmulkinti
- 1 šakelė šviežių itališkų petražolių; lapai smulkiai pjaustyti
- 1 žalio svogūno; balta ir šviesiai žalia dalis
- Pirmo spaudimo alyvuogių aliejus
- smulki jūros druska; paragauti
- Juodasis pipiras; rupios maltos, pagal skonį
- Nasturtės lapai ir nasturtės žiedai

Nurodymai:

Kietai virti kiaušinius verdančiame vandenyje, kol trynys sutvirtės, o ne ilgiau.

Kiekvieną kiaušinį perpjaukite per pusę išilgai ir atsargiai išimkite trynį.

Į nedidelį dubenį sudėkite trynius ir suberkite nasturtės lapus, stiebus ir žiedus bei susmulkintą vyšnią, petražoles ir žaliąjį svogūną. Sutrinkite šakute, įpilkite tiek alyvuogių aliejaus, kad susidarytų pasta. Pagal skonį pagardinkite jūros druska ir pipirais

Lengvai pasūdykite kiaušinių baltymus

Švelniai užpildykite ertmes trynio ir žolelių mišiniu. Ant viršaus suberkite šiek tiek pipirų. Lėkštėje išdėliokite nasturčių lapus, ant jų uždėkite įdarytus kiaušinius.

Papuoškite nasturtų žiedais.

2. Frittata su laukinėmis žolelėmis

Išeiga: 1 porcija

Ingredientas

- ½ kilogramo Barba di frate ir krūva laukinių mėtų
- 8 kiaušiniai
- 4 skiltelės česnako
- 50 mililitrų aukščiausios kokybės pirmojo spaudimo alyvuogių aliejaus
- 100 gramų parmezano sūrio; tarkuotų
- Druska ir šviežiai malti juodieji pipirai

Nurodymai:

Į nedidelę keptuvę su česnaku supilkite aliejų ir užvirinkite.

Išimkite ir išmeskite česnaką, kai jis bus auksinis. Dvi minutes pakepinkite Barba di frate aliejuje, įmuškite kiaušinius, lengvai išplaktus su parmezanu, druska ir mėtomis. Maišykite, kol pradės stingti. Pašaukite į karštą orkaitę, kol iškeps. Išverskite ant lėkštės ir nedelsdami patiekite.

1.

3. Kiaušiniai žolelių padaže

Išeiga: 6 porcijos

Ingredientas

- 24 Šviežių šparagų ietis
- ¼ puodelio majonezo
- 8 uncijos kartoninė komercinė grietinė
- 1 citrinos sultys
- ½ arbatinio šaukštelio druskos ir ¼ arbatinio šaukštelio baltųjų pipirų
- ¼ arbatinio šaukštelio cukraus
- 2 arbatiniai šaukšteliai šviežių petražolių; malta
- 1 arbatinis šaukštelis Šviežios krapų piktžolės; malta
- 1 arbatinis šaukštelis Šviežių česnakų; malta
- 8 kiaušinių; kietai virti, padalinti
- 12 uncijų Pakuotėje virti 6" x 4" kumpio griežinėliai

Nurodymai:

Virkite šparagus, uždengtus, verdančiame vandenyje 6–8 minutes; nusausinti. Uždenkite ir atvėsinkite.

Sumaišykite majonezą, grietinę, citrinos sultis, druską, baltuosius pipirus, cukrų, petražoles, maltus krapus-piktžoles ir laiškinius česnakus; gerai ismaisyti. Sutrinkite 1 kietai virtą kiaušinį; įpilkite į majonezo mišinį ir gerai išmaišykite. Uždenkite ir atvėsinkite.

Ant 2 kumpio griežinėlių uždėkite 4 šparagų ietis. Apvyniokite kumpį aplink šparagų ietis, sutvirtinkite mediniu iešmeliu. Ant serviravimo lėkštės išdėliokite kumpiu apvyniotus šparagus. Supjaustykite 6 kiaušinius, išdėliokite griežinėlius ant kumpio. Ant kiekvienos porcijos užpilkite maždaug $\frac{1}{4}$ puodelio žolelių padažo

Išsijokite likusį kiaušinį. Pabarstykite ant kiekvienos porcijos. Papuoškite šviežiais krapais-piktžolėmis.

4. Pita iš žalumynų, žolelių ir kiaušinių

Išeiga: 12 porcijų

Ingredientas

- 2 svarai šviežių žalumynų
- Druska
- ½ ryšulio šviežių petražolių; susmulkinti
- ½ ryšulio šviežių krapų; susmulkinti
- 1 saujos šviežios vyšnios; sukapoti.
- ¼ puodelio sviesto arba margarino
- 1 krūva laiškinių svogūnų; susmulkinti
- ½ arbatinio šaukštelio maltų kvapiųjų pipirų
- ½ arbatinio šaukštelio cinamono ir ½ arbatinio šaukštelio muskato riešuto
- 2 arbatinius šaukštelius granuliuoto cukraus
- Druska ir šviežiai malti pipirai
- 5 kiaušinių; lengvai sumuštas
- 1 puodelis trupinto fetos sūrio
- ½ puodelio pieno ar daugiau

- ½ puodelio sviesto (nebūtina); ištirpo

- 12 Komercinių filo lakštų

Nurodymai:

Dideliame dubenyje sumaišykite špinatus su petražolėmis, krapais ir vyšniomis ir gerai išmaišykite. Didelėje keptuvėje įkaitinkite ¼ puodelio sviesto, suberkite į sviestą svogūnus ir pakepinkite, kol baltos dalys taps permatomos.

Suberkite žalumynus, prieskonius, cukrų ir pakankamai druskos bei pipirų prieskoniams.

Dabar supilame kiaušinius, fetą ir tiek pieno, kad žalumynai prisisotintų. Ištepkite 6 filo lakštus, kiekvieną ištepdami tirpintu sviestu. Supilkite įdarą, tolygiai paskirstykite. Kepkite 45 minutes.

5. Šviežia žolelių dešra

Išeiga: 2 svarai

Ingredientas

- 4 pėdų maži šernų gaubtai
- 2 svarai baltos žuvies filė, kubeliais
- 1 kiaušinis, sumuštas
- 2 šaukštai pjaustytų šviežių česnakų
- 1 valgomasis šaukštas kapotų šviežių petražolių
- 1 arbatinis šaukštelis Citrinų sultys
- $\frac{1}{2}$ arbatinio šaukštelio salierų druskos
- $\frac{1}{2}$ arbatinio šaukštelio juodųjų pipirų

Nurodymai:

Paruoškite apvalkalus. Dėkite žuvį į virtuvinį kombainą ir pulkite tol, kol žuvis sulaužys. Sudėkite likusius ingredientus ir trinkite, kol viskas gerai susimaišys. Uždarykite apvalkalus ir susukite į 3-4 colių ilgio gabalus.

ŽOLELĖS UŽKARČIAI

6. Kūdikių morkos žolelių acte

Išeiga: 1 porcija

Ingredientas

- 20 mažų morkų
- ¾ puodelio cukraus
- 1 valgomasis šaukštas citrinos sulčių
- 1 valgomasis šaukštas sviesto
- 2 šaukštai estragono acto

Nurodymai:

Į nedidelį puodą sudėkite morkas, vandenį ir citrinos sultis.

Uždenkite ir troškinkite 5 minutes.

Nuimkite dangtį, padidinkite ugnį iki didelės ir virkite maišydami, kol skystis išgaruos (5 minutes). Sumažinkite šilumą.

7. Artišokai su žolelėmis

Išeiga: 4 porcijos

Ingredientas

- 2 dideli artišokai (arba 4 vidutiniai)
- 1 maža morka
- 1 mažas svogūnas
- 1 valgomasis šaukštas alyvuogių aliejaus
- 2 šaukštai petražolių; susmulkinti
- $\frac{1}{2}$ arbatinio šaukštelio baziliko lapelių, džiovintų
- $\frac{1}{2}$ arbatinio šaukštelio raudonėlio
- $\frac{1}{2}$ arbatinio šaukštelio krapų piktžolių
- 1 česnako skiltelė
- Druska
- 1 puodelis Vyno, sausas baltas
- Pipirų pagal skonį

Nurodymai:

Blenderyje sumaišykite morką, svogūną, petražoles, džiovintas žoleles, česnaką ir druską bei juoduosius pipirus pagal skonį; apdoroti, kol smulkiai supjaustoma. Įdarykite žolelių mišinį tarp artišokų lapų

Įdėkite kepimo lentyną, vyną ir $\frac{1}{2}$ puodelio vandens į 4 arba 6 qt greitpuodį. Padėkite artišokus ant grotelių; saugiai uždarykite dangtį. Uždėkite slėgio reguliatorių ant ventiliacijos vamzdžio.

Virkite 20 minučių 15 svarų slėgyje.

8. Kanapės su citrinų-žolės glaistu

Išeiga: 1 porcija

Ingredientas

- Pumpernickel duona su kreminiu sūriu ir pjaustyta rūkyta lašiša

- Sviestu apkepti sūrūs rugiai su pjaustytu kiaušiniu ir ikrais

- Sūrūs rugiai su krienais; Čili padažas; mažytės krevetės

- 1⅔ puodelis Vanduo

- ⅛ arbatinio šaukštelio pipirų

- ½ lauro lapas

- ½ arbatinio šaukštelio džiovintų krapų

- 1 pakuotė (3 uncijos) citrinos skonio želatina

- 1 brūkšnis Kajeno pipirų

- 3 šaukštai acto

Nurodymai:

Padėkite ant grotelių ir ant kiekvieno kanapės užpilkite 2-3 šaukštus citrinų ir žolelių glaisto.

Citrinų ir žolelių glajus: užvirinkite vandenį; suberkite pipirų grūdelius, lauro lapą ir džiovintus krapus. Uždenkite ir troškinkite apie 10 minučių. Padermė. Karštame skystyje ištirpinkite želatiną, druską ir kajeną. Įpilkite acto. Atvėsinkite, kol šiek tiek sutirštės. Supilkite mišinį ant kanapių

9. Šviežių žolelių sūrio pica

Išeiga: 8 porcijos

Ingredientas

- 1 valgomasis šaukštas kukurūzų miltų
- 1 skardinė (10 unc.) Visiškai paruošta pica
- 1 valgomasis šaukštas alyvuogių aliejaus arba aliejaus
- 1 skiltelė česnako; malta
- 6 uncijos susmulkinto mocarelos sūrio
- ½ puodelio tarkuoto parmezano sūrio
- 1 valgomasis šaukštas susmulkinto šviežio baziliko
- 1 valgomasis šaukštas kapotų šviežių raudonėlių

Nurodymai:

Sutepkite 12 colių picos skardą arba 13x9 colių skardą; pabarstyti kukurūzų miltais. Išvynioti tešlą; suspausti į riebalais išteptą skardą.

Mažame dubenyje sumaišykite aliejų ir česnaką; aptepkite tešlą. Ant viršaus tolygiai uždėkite mocarelos sūrio, parmezano sūrio, baziliko ir raudonėlio.

Kepkite 425 laipsnių kampu 13-16 minučių arba tol, kol pluta bus giliai auksinės spalvos

10. Šviežių žolelių ir laiškinių česnakų sausainiai

Ingredientas

- 8 uncijos Tvirtas šilkinis tofu
- ⅓ puodelis obuolių sulčių
- 1 valgomasis šaukštas citrinos sulčių
- 1 stiklinė pilno grūdo miltų
- 1 puodelis universalių miltų
- 2 arbatiniai šaukšteliai Kepimo milteliai
- ½ arbatinio šaukštelio kepimo soda
- ¼ arbatinio šaukštelio druskos, neprivaloma
- 2 šaukštai baziliko, kapotų -=ARBA=-
- 1 valgomasis šaukštas bazilikas, džiovintas
- 2 šaukštai česnako, susmulkintų -=ARBA=-
- 1 valgomasis šaukštas česnako, džiovintas

Nurodymai:

Įkaitinkite orkaitę iki 450 F ir sutepkite sausainių lakštus.

Ištrinkite tofu iki vientisos masės. Įmaišykite obuolių sultis ir citrinos sultis. Perkelkite į vidutinio dydžio maišymo dubenį ir atidėkite. Išsijokite kitus 5 ingredientus ir supilkite į tofu mišinį. Įmaišykite baziliką ir laiškinius česnakus. Išverskite tešlą ant lengvai miltais pabarstytos lentos ir suformuokite rutulį. Tešlą iškočiokite iki ½ colio storio ir supjaustykite sausainių formele. Kepkite 12 minučių ir iškart patiekite.

11. Vietnamietiški pavasariniai suktinukai

Išeiga: 1 porcija

Ingredientas

- 1 raudonas snapelis
- 2 šaukštai žuvies padažo
- 2 šaukštai Medaus
- ½ arbatinio šaukštelio azijietiško sezamo aliejaus
- 40 ryžių popieriaus įvyniojimų
- Mėtų ir šviežios kalendros
- Plonais griežinėliais angliškas agurkas
- ½ svaro šviežių pupelių daigų
- salotos lapai
- ¼ puodelio ryžių acto
- ¼ puodelio laimo sulčių
- ¼ puodelio cukraus
- ¼ arbatinio šaukštelio aštraus azijietiško čili padažo

Nurodymai:

Žuvies padažą sumaišykite su medumi ir sezamo aliejumi. Įtrinkite į žuvį. Skrudinkite 425F/210C temperatūroje 40-45 minutes.

Mažame dubenyje sumaišykite padažo ingredientus.

Nulaužkite žuvies gabalėlį ir įdėkite į kiekvieno vyniotinį tiesiai po viduriu. Ant žuvies uždėkite mėtų ir kalendros, 1 griežinėlį agurko ir keletą pupelių daigų. Supilkite padažą.

12. Keptas haloumi sūris

Išeiga: 1 porcija

Ingredientas

- 4 Prinokę slyviniai pomidorai
- 1 Raudonasis svogūnas
- 1 agurkas
- 20 juodųjų alyvuogių; duobėtas
- 1 krūva plokščių petražolių
- 100 gramų Haloumi sūrio
- Bazilikas; smulkiai supjaustyta
- kalendra; smulkiai supjaustyta
- Chervilas
- Žirniai
- 200 mililitrų alyvuogių aliejaus
- 2 citrinos; sultys iš
- 1 valgomasis šaukštas baltojo vyno acto
- Druskos ir pipirų

Nurodymai:

Visa tai sumaišykite dubenyje su svogūnais ir šiek tiek plokščių petražolių. Pagardinkite alyvuogių aliejumi ir druska bei pipirais.

Karštoje nepridegančioje keptuvėje apkepkite Haloumi sūrį be aliejaus.

Padėkite ant salotų ir apšlakstykite žolelių aliejumi aplink lėkštę. Dabar įpilkite šiek tiek citrinos sulčių.

13. Žolelių frittelle

Išeiga: 1 porcija

Ingredientas

- 1 svaras mišrių žolelių salotų lapų
- ¼ puodelio Šviežiai tarkuoto parmezano
- 3 laisvai laikomų kiaušinių; lengvai sumuštas
- 1 stiklinė šviežių džiūvėsėlių
- 2 šaukštai nesūdyto sviesto
- Saulėgrąžų aliejus
- Druska ir šviežiai malti pipirai

Nurodymai:

Įdėkite žolelių lapus į vidutinį dubenį. Įmaišykite svogūną, baziliką, parmezaną, džiūvėsėlius, kiaušinius ir prieskonius.

Didelėje keptuvėje ištirpinkite sviestą. Įpilkite tiek aliejaus, kad keptuvėje būtų ¼ colio aliejaus. Naudodami 1 gausų šaukštą mišinio kiekvienai kepsninei, kepkite frittelle po keletą iki giliai auksinės spalvos, maždaug 3 minutes iš kiekvienos pusės.

Nusausinkite ant virtuvinio popieriaus; laikykite šiltai žemoje orkaitėje, kol iškeps likusios keptuvės.

14. Žolelių krevetės aluje

Išeiga: 6 porcijos

Ingredientas

- 2 svarai nuluptų žalių krevečių
- 1½ puodelio Puikus vakarietiškas alus
- 2 skiltelės Česnakas, susmulkintas
- 2 šaukštai laiškinio česnako, susmulkintų
- 2 šaukštai petražolių, pjaustytų
- 1½ šaukštelio druskos
- ½ arbatinio šaukštelio pipirų
- Susmulkintos salotos
- 2 Žalieji svogūnai, smulkiai pjaustyti

Nurodymai:

Dubenyje sumaišykite visus ingredientus, išskyrus salotas ir žaliuosius svogūnus.

Uždenkite, šaldykite 8 valandas arba per naktį; retkarčiais pamaišykite. Nusausinkite, rezervuokite marinatą

Apkepkite krevetes 4 colius nuo ugnies, kol iškeps ir suminkštės.

Neperkepkite, nes krevetės taps kietos. Retkarčiais patepkite marinatu.

Patiekite krevetes ant susmulkintų salotų; pabarstykite smulkintu žaliu svogūnu.

15. Džiovintos figos su žolelėmis

Išeiga: 4 porcijos

Ingredientas

- ½ svaro džiovintų figų
- ½ svaro džiovintų spanguolių
- 2 puodeliai Raudonojo vyno
- ¼ puodelio levandų arba aromatinto medaus
- Prieskoniai, surišti į marlę:

Nurodymai:

Į puodą su raudonuoju vynu ir medumi įdėkite figų ir marlę su įvairiomis žolelėmis. Užvirkite ir uždengę virkite 45 minutes arba kol tikrai suminkštės.

Išimkite figas iš puodo; virkite skystį, kol liks daugiau nei pusė.

Išmeskite prieskonius į marlę. Patiekite tokį, koks yra, arba užpilkite šaukštu vanilinio šerbeto arba ledinio pieno.

16. Lengva žolė focaccia

Išeiga: 24 porcijos

Ingredientas

- 16 uncijų supakuotas karšto ritinio mišinys
- 1 Kiaušinis
- 2 šaukštai alyvuogių aliejaus
- ⅔ puodelis Raudonojo svogūno; Smulkiai supjaustyta
- 1 arbatinis šaukštelis džiovintų rozmarinų; Susmulkintas
- 2 arbatinius šaukštelius alyvuogių aliejaus

Nurodymai:

Lengvai ištepkite dvi apvalias kepimo formas.

Paruoškite karšto vyniotinio mišinį pagal pagrindinės tešlos pakuotės instrukcijas, naudodami 1 kiaušinį ir margariną, nurodytą ant pakuotės, pakeisdami 2 valgomaisiais šaukštais aliejaus. Minkyti tešlą; leiskite pailsėti, kaip nurodyta. Jei naudojate apvalias kepimo formas, tešlą padalinkite per pusę; susukite į du 9 colių ratus. Sudėkite į paruoštą keptuvę.

Keptuvėje 2 arbatiniuose šaukšteliuose karšto aliejaus pakepinkite svogūną ir rozmariną, kol suminkštės. Pirštų galiukais įspauskite įdubimus tešloje maždaug kas centimetrą

Kepkite 375 laipsnių orkaitėje 15-20 minučių arba iki auksinės spalvos. Atvėsinkite 10 minučių ant grotelių. Išimkite iš keptuvės ir visiškai atvėsinkite.

ŽOLELĖ VIŠTA IR KALAKATA

17. Susmulkinta žolelių vištiena

Išeiga: 2 porcijos

Ingredientas

- 2 puodeliai duonos trupinių
- 1 arbatinis šaukštelis druskos
- 1 arbatinis šaukštelis Šviežiai maltų pipirų
- 2 šaukštai džiovintų petražolių
- 1 arbatinis šaukštelis džiovintų mairūnų
- 1 arbatinis šaukštelis džiovintų čiobrelių
- 1 arbatinis šaukštelis džiovintų raudonėlių
- 1 arbatinis šaukštelis česnako miltelių
- 1 apelsinas; supjaustyti
- 4 Vištienos krūtinėlės pusės be kaulų ir nuluptos
- 2 Kiaušiniai; sumuštas ARBA kiaušinio pakaitalas
- 2 šaukštai sviesto arba margarino
- 2 šaukštai Augalinis aliejus

- 1 puodelis vištienos sultinio arba baltojo vyno
- 1 šakelė šviežių petražolių

Nurodymai:

Į virtuvinį kombainą suberkite duonos trupinius, druską, pipirus, petražoles, mairūną, čiobrelius, raudonėlį, česnako miltelius ir gerai sumalkite. Vištienos krūtinėles pamerkite į išplaktą kiaušinį ir aptepkite duonos trupiniais.

Ant vidutinės ugnies apkepkite vištienos krūtinėlę iš abiejų pusių svieste ir aliejuje. Sumažinkite ugnį, įpilkite sultinio arba vyno ir uždenkite. Troškinkite 20–30 minučių, priklausomai nuo krūtinėlių storio.

Papuoškite apelsino griežinėliais ir petražolėmis.

18. Vištienos grietinėlė su žolelėmis

Išeiga: 1 porcija

Ingredientas

- 1 skardinė grietinėlės vištienos sriuba
- 1 skardinė vištienos sultinio
- 1 skardinė Pieno
- 1 skardinė vandens
- 2 puodeliai Bisquick kepimo mišinio
- ¾ puodelio Pieno

Nurodymai:

Ištuštinkite skardines sriubos į didelę keptuvę

Įmaišykite skardines vandens ir pieno. Sumaišykite iki vientisos masės. Kaitinkite ant vidutinės ugnies, kol užvirs

Sumaišykite Bisquick ir pieną. Tešla turi būti tiršta ir lipni. Tešlą po šaukštelius pilkite į verdančią sriubą.

Virti koldūnus apie. 8-10 minučių. atidengta

19. Abrikosų Dijon glazūruota kalakutiena

Išeiga: 6 porcijos

Ingredientas

- 6 vištienos sultinio kubeliai
- 1½ puodelio nevirtų ilgagrūdžių baltųjų ryžių
- ½ puodelio pjaustytų migdolų
- ½ stiklinės pjaustytų džiovintų abrikosų
- 4 žali svogūnai su viršūnėlėmis; supjaustyti
- ¼ puodelio pjaustytų šviežių petražolių
- 1 valgomasis šaukštas apelsino žievelės
- 1 arbatinio šaukštelio džiovinto rozmarino; sutraiškytas
- 1 arbatinis šaukštelis džiovintų čiobrelių lapelių
- 1 kalakutienos krūtinėlės be kaulo pusė - apie 2 1/2 svaro
- 1 puodelis abrikosų uogienės arba apelsinų marmelado
- 2 šaukštai Dižono garstyčių

Nurodymai:

Žolelių plovui užvirinkite vandenį. Įpilkite sultinio. Nukelkite nuo ugnies į dubenį. Sudėkite visus likusius plovo ingredientus, išskyrus kalakutieną; gerai ismaisyti. Ant ryžių mišinio uždėkite kalakutą.

Uždenkite ir kepkite 45 minutes

Išimkite kalakutą iš orkaitės; atsargiai nuimkite Baker su orkaitės pirštinėmis.

Prieš patiekdami išmaišykite plovą, patiekite su kalakutiena ir padažu.

20. Vištiena ir ryžiai ant žolelių padažo

Išeiga: 4 porcijos

Ingredientas

- ¾ puodelio karšto vandens
- ¼ puodelio baltojo vyno
- 1 arbatinis šaukštelis vištienos skonio sultinio granulių
- 4 (4 uncijos) vištienos krūtinėlės pusės nuluptos odelę ir be kaulų
- ½ arbatinio šaukštelio kukurūzų krakmolo
- 1 valgomasis šaukštas Vanduo
- 1 pakelis Neufchatel stiliaus sūrio su žolelėmis ir prieskoniais
- 2 puodeliai karštai virti ilgagrūdžiai ryžiai

Nurodymai:

Karštą vandenį, vyną ir sultinio granules užvirinkite didelėje keptuvėje ant vidutinės-stiprios ugnies. Sumažinkite ugnį ir sudėkite vištieną, troškinkite 15 minučių; pasukti po 8 minučių. Išimkite vištieną, kai baigs, laikykite šiltai. Virimo skystį užvirinkite, sumažinkite iki ⅔ puodelis.

Sumaišykite kukurūzų krakmolą ir vandenį ir supilkite į skystį. Užvirinkite ir nuolat maišydami virkite 1 minutę. Įpilkite grietinėlės sūrio ir virkite, kol gerai susimaišys, nuolat maišydami vieliniu šluotele. Tarnauti:

Uždėkite ryžius su vištiena, šaukštu padažo ant vištienos

21. Vištiena su grietinėle ir žolelėmis

Išeiga: 6 porcijos

Ingredientas

- 6 Vištienos šlaunelės, be odos ir be kaulų
- Universalūs miltai, pagardinti druska ir pipirais
- 3 šaukštai Sviesto
- 3 šaukštai alyvuogių aliejaus
- ½ puodelio sauso baltojo vyno
- 1 valgomasis šaukštas citrinos sulčių
- ½ stiklinės plakamosios grietinėlės
- ½ arbatinio šaukštelio džiovintų čiobrelių
- 2 šaukštai maltų šviežių petražolių
- 1 citrina, griežinėliais (garnyras)
- 1 valgomasis šaukštas kaparėlių, nuplautų ir nusausintų (garnyrui)

Nurodymai:

Didelėje keptuvėje įkaitinkite po 1½ šaukšto sviesto ir aliejaus. Sudėkite vištienos gabalėlius taip, kaip tilps, nesusmulkindami. Virkite

Į keptuvę įpilkite vyno ir citrinos sulčių ir troškinkite ant vidutinės ugnies maišydami, kad susimaišytų parudavusios dalelės. Užvirinkite, sumažindami iki maždaug pusės

Įpilkite plaktos grietinėlės, čiobrelių ir petražolių; virkite, kol padažas šiek tiek sutirštės. Į padažą supilkite visas mėsos sultis iš šylančio lėkštės.

Padažą pagardinkite pagal skonį. Užpilkite ant mėsos ir papuoškite petražolėmis, citrinos griežinėliais ir kaparėliais

22. Vištienos madeira ant sausainių

Išeiga: 6 porcijos

Ingredientas

- 1½ svaro vištienos krūtinėlė
- 1 valgomasis šaukštas kepimo aliejaus
- 2 skiltelės česnako, susmulkintos
- 4½ puodelio ketvirčiais supjaustytų šviežių grybų
- ½ stiklinės susmulkinto svogūno
- 1 stiklinė grietinės
- 2 šaukštai universalių miltų
- 1 puodelis lieso pieno
- ½ stiklinės vištienos sultinio
- 2 šaukštai Madeiros arba sauso šerio

Nurodymai:

Kepkite vištieną karštame aliejuje ant vidutinės ugnies 4-5 minutes arba tol, kol nebebus rausvos spalvos. Į keptuvę sudėkite česnaką, grybus ir svogūną. Virkite neuždengę 4-5 minutes arba kol skystis išgaruos.

Dubenyje sumaišykite grietinę, miltus, ½ arbatinio šaukštelio druskos ir ¼ arbatinio šaukštelio pipirų. Į keptuvę supilkite grietinės mišinį, pieną ir sultinį. Įdėkite vištienos ir Madeiros arba šerio; kaitinti kiaurai.

Patiekite ant žolelių sausainių.

Jei norite, pabarstykite plonais griežinėliais pjaustytais žaliais svogūnais

23. Vištienos sriuba su žolelėmis

Išeiga: 7 porcijos

Ingredientas

- 1 puodelis džiovintų cannellini pupelių
- 1 arbatinis šaukštelis Alyvuogių aliejaus
- 2 porai, apipjaustyti - nuplauti
- 2 morkos - nuluptos ir supjaustytos kubeliais
- 10 mililitrų Česnakai - smulkiai pjaustyti
- 6 slyviniai pomidorai - be sėklų ir
- 6 naujos bulvės
- 8 puodeliai naminio vištienos sultinio
- ¾ puodelio sauso balto verkšlenimo
- 1 šakelė šviežio čiobrelio
- 1 šakelė šviežio rozmarino
- 1 lauro lapas

Nurodymai:

Nuplaukite pupeles ir nuskinkite, užpilkite vandeniu ir palikite mirkti 8 valandoms arba per naktį. Dideliame puode ant vidutinės-mažos ugnies įkaitinkite aliejų. Sudėkite porus, morkas ir česnaką; virkite, kol suminkštės, apie 5 minutes. Įmaišykite pomidorus ir kepkite 5 minutes. Sudėkite bulves ir virkite 5 minutes.

Įpilkite vištienos sultinio, vyno ir žolelių; užvirinkite. Nusausinkite pupeles ir suberkite į puodą; virkite 2 valandas arba tol, kol pupelės suminkštės.

Prieš patiekdami išimkite lauro lapą ir žolelių šakeles.

24. Vištiena su vynu ir žolelėmis

Išeiga: 4 porcijos

Ingredientas

- Vištienos kepimas
- ½ arbatinio šaukštelio raudonėlio
- ½ arbatinio šaukštelio baziliko
- 1 puodelis sauso baltojo vyno
- ½ arbatinio šaukštelio česnako druskos
- ½ arbatinio šaukštelio druskos
- ¼ arbatinio šaukštelio pipirų

Nurodymai:

Vištieną nuplaukite ir supjaustykite. Nedideliame aliejaus kiekyje apkepkite vištienos gabaliukus iš visų pusių. Nupilkite aliejaus perteklių. Įpilkite vyno ir prieskonių ir troškinkite 30–40 minučių arba tol, kol vištiena suminkštės.

ŽOLELĖS MAkaronai

25. Žolelių ravioliai

Ingredientas

- 2 8,5x11 colių šviežių makaronų lakštai
- 1¼ puodelio Ricotta sūrio; be riebalų
- ¾ puodelio itališkų duonos trupinių
- ¼ puodelio šviežio baziliko ir ¼ puodelio šviežių petražolių; susmulkinti
- ⅛ arbatinio šaukštelio raudonėlio ir ⅛ muskato riešuto
- Druska ir juodieji pipirai
- Troškintų pomidorų pagrindas
- 2 didelių pomidorų; prinokęs
- 2 skiltelės česnako; plonais griežinėliais
- 6 švieži baziliko lapeliai

Nurodymai:

Dideliame dubenyje sumaišykite rikotą, duonos trupinius, baziliką, petražoles, raudonėlį, muskato riešutą, druską ir juoduosius pipirus.

Padėkite makaronų lakštus lygiai ant darbinio paviršiaus ir keturias lygias dalis (apie ¼ puodelio) rikotos mišinio padėkite ant 4 kvadrantų, esančių kairėje kiekvieno makaronų lakšto pusėje. Sulenkite dešinę makaronų lakšto pusę ant kitos pusės. Paspauskite aplink kiekvieną sūrio kauburėlį, kad uždarytumėte.

Dideliame puode užvirinkite vandenį. Įmeskite raviolius į vandenį ir virkite 3-5 minutes. Pomidorus nuplaukite, nulupkite, nulupkite ir stambiai supjaustykite. Atidėti. Trumpai pakepinkite česnaką, sudėkite pomidorus, baziliką, vandenį ir druską

Uždenkite ir virkite 5 minutes. Supilkite pomidorų mišinį į 4 lėkštes ir ant kiekvienos lėkštės uždėkite du raviolius.

26. Linguine su mišriomis žolelėmis

Išeiga: 1 porcija

Ingredientas

- 4 vidutinės morkos
- 3 vidutinės cukinijos
- 1 svaras džiovintas lingvinas
- 1 puodelis supakuotų šviežių plokščialapių petražolių lapelių
- ½ puodelio supakuotų šviežių baziliko lapelių
- 1 valgomasis šaukštas Šviežių čiobrelių lapelių
- 1 valgomasis šaukštas Šviežių rozmarinų lapelių
- 1 valgomasis šaukštas Šviežių peletrūno lapų
- ½ puodelio Šviežiai tarkuoto parmezano
- ⅓ puodelis alyvuogių aliejaus
- ¼ puodelio graikinių riešutų; skrudinta auksine
- 1 valgomasis šaukštas balzamiko acto

Nurodymai:

6 litrų virdulyje užvirinkite 5 litrus pasūdyto vandens. Įpilkite lingvino ir virkite 8 minutes arba kol vos suminkštės. Sudėkite morkas ir virkite 1 minutę. Sudėkite cukinijas ir kepkite 1 minutę. Rezervas ⅔ puodelį virimo vandens ir nusausinkite makaronus bei daržoves.

Dideliame dubenyje sumaišykite pesto ir rezervuotą karštą virimo vandenį. Sudėkite makaronus ir daržoves ir gerai išmaišykite.

Virtuviniu kombainu sumaišykite visus ingredientus su druska ir pipirais pagal skonį iki vientisos masės.

27. Farfalle su žolelių padažu

Išeiga: 1 porcija

Ingredientas

- 2 skiltelės česnako – susmulkintos
- 1 svaras farfalle – virtas
- 2 c šviežių mėtų šakelių
- ¾ aukščiausios kokybės pirmojo spaudimo alyvuogių aliejaus
- ½ c daržovių sultinio
- 1½ šaukštelio druskos
- ½ šaukštelio šviežių pipirų
- 1 valgomasis šaukštas citrinos sulčių
- ½ c graikinių riešutų, skrudintų, susmulkintų
- ½ c Parmezano sūrio

Nurodymai:

Į maišytuvą arba virtuvinį kombainą suberkite žoleles ir česnaką ir, kol mašina veikia, užpilkite ½ alyvuogių aliejaus, daržovių sultinio ir likusio aliejaus. Įberkite druskos, pipirų ir citrinos, išmaišykite ir paragaukite bei sureguliuokite prieskonius.

Dar šiltus apibarstykite virtais makaronais, suberkite riešutus ir sūrį. Papuoškite šviežių žolelių šakelėmis.

28. Kiaušinių makaronai su česnaku

Išeiga: 4 porcijos

Ingredientas

- ½ svaro kiaušinių makaronai
- 4 didelės česnako skiltelės
- 1½ puodelio mišrių žolelių
- 2 šaukštai aukščiausios kokybės pirmojo spaudimo alyvuogių aliejaus
- Druskos ir pipirų

Nurodymai:

Virkite makaronus dideliame puode su verdančiu, pasūdytu vandeniu, kol suminkštės, bet vis tiek tvirti, 7-9 minutes. Gerai nusausinkite.

Tuo tarpu susmulkinkite česnaką, susmulkinkite žoleles; turėsite apie 1 puodelį.

Didelėje keptuvėje sumaišykite alyvuogių aliejų ir česnaką. Virkite ant vidutinės ugnies, retkarčiais pamaišydami, kol česnakas taps kvapnus, bet neparudavęs, 2-3 minutes. Nukelkite nuo ugnies ir įmaišykite susmulkintas žoleles.

Į keptuvę sudėkite virtus makaronus ir išmaišykite. Pagardinkite druska ir pipirais pagal skonį ir gerai išmaišykite

29. Cappelini su žolelių špinatais

Išeiga: 6 porcijos

Ingredientas

- 8 uncijos Angel plaukų makaronai (capelini)
- 10 uncijų šaldytų špinatų
- 1 svaras Šviežių špinatų
- 1 valgomasis šaukštas Virgin alyvuogių
- 1 svogūnas; susmulkinti
- 2 šaukštai šviežių petražolių
- ½ arbatinio šaukštelio džiovintų baziliko lapų
- ½ arbatinio šaukštelio džiovintų raudonėlio lapų
- ½ arbatinio šaukštelio Malto muskato riešuto
- Druska ir pipirai pagal skonį
- 2 šaukštai tarkuoto parmezano sūrio;

Nurodymai:

Užvirinkite didelį virdulį vandens ir virkite makaronus iki al dente, 3 minutes. Nusausinkite kiaurasamtyje; atidėti. Tuo tarpu šaldytus špinatus dėkite į garų stovą virš verdančio vandens, kol šiek tiek suvys.

Nelipnioje keptuvėje įkaitinkite aliejų ir pakepinkite svogūną, kol suminkštės. Špinatus, svogūną, petražoles, baziliką, raudonėlį, muskato riešutą, druską ir pipirus sudėkite į virtuvinio kombaino trintuvą su metaliniais peiliukais ir sutrinkite iki tyrės. Sudėkite makaronus į serviravimo dubenį, apšlakstykite padažu ir pabarstykite parmezano sūriu

30. Gnocchi su grybais

Išeiga: 3 porcijos

Ingredientas

- 2 didelės kepimo bulvės
- 2 kiaušiniai
- 1 stiklinės miltų; arba mažiau
- 1 druskos; paragauti
- 1 valgomasis šaukštas sviesto
- 1 puodelis pjaustytų šitake grybų
- 1 puodelis pomidorų konsistencijos
- kapotų baziliko / petražolių / laiškinių česnakų
- 1 parmezano sūris; garnyrui

Nurodymai:

Šakute subadyti bulves per visą; kepkite, kol suminkštės, nuo 45 minučių iki 1 valandos. Išimkite ir įmuškite kiaušinius, tada suberkite pakankamai miltų. Pagal skonį pagardinkite druska ir pipirais

Perkelkite tešlą į konditerinį maišelį ir ištraukite ilgus cilindrus. Atvėsinkite iki standumo. Supjaustykite kiekvieną cilindrą į 1 colio gabalus. Lengvai pabarstykite miltais ir susukite gabalėlius po vieną ant šakutės arba gnocchi kaiščio. Virinama.

Supilkite grybų mišinį ir žoleles;

ŽOLELĖS JŪROS gėrybės

31. Žolelių krevečių kremas

Išeiga: 4 porcijos

Ingredientas

- ½ Priklijuokite nesūdytą sviestą
- 4 vidutinio dydžio askaloniniai česnakai; smulkiai supjaustyta
- 1 kv. riebios grietinėlės
- 2 puodeliai sauso baltojo vyno
- 1 svaras krevečių; įlanka, maža, nulupta
- 1 valgomasis šaukštas citrinos sulčių
- 1 valgomasis šaukštas krapų
- 1 šaukštas peletrūno; smulkiai supjaustyta
- 2 arbatiniai šaukšteliai petražolių
- 2 arbatiniai šaukšteliai česnako; smulkiai supjaustyta
- ¾ arbatinio šaukštelio druskos

Nurodymai:

Dideliame puode arba keptuvėje ant vidutinės ugnies ištirpinkite sviestą. Suberkite askaloninius česnakus ir pakepinkite 2–3 minutes, kol suminkštės.

Įpilkite grietinėlės ir baltojo vyno, padidinkite ugnį ir greitai virkite, kol padažas sutirštės ir sumažės maždaug per pusę, 15-20 minučių nuolat maišydami, kad neapdegtų.

Įmaišykite krevetes ir likusius ingredientus. Troškinkite, kol įkais, 1-2 minutes.

32. Malaizijos žolelių ryžiai

Ingredientas

- 400 gramų šviežios lašišos
- 2 šaukštai sojos padažo ir 2 šaukštai Mirin
- 6 puodeliai virtų jazminų ryžių
- Kaffir liepų lapai
- ½ puodelio skrudinta; susmulkinto kokoso
- Ciberžolė/galangalas; nulupti
- 3 šaukštai žuvies padažo

Persirengimas

- 2 maži raudonieji čili pipirai; pasėtas ir sumaltas
- ½ puodelio Tailando baziliko
- ½ puodelio Vietnamo mėtų
- 1 prinokęs avokadas; nulupti
- 1 raudonos paprikos; malta
- 2 skiltelės česnako; malta
- ⅓ puodelis laimo sulčių

Nurodymai:

Sumaišykite soją ir miriną ir užpilkite ant žuvies ir marinuokite 30 minučių. Įkaitinkite keptuvę arba grotelę, tada kepkite žuvį iki auksinės spalvos.

Julienne ciberžolės, galangal, čili ir kaffir laimo lapelius ir sumaišykite su virtais ryžiais. Suberkite skrudintą kokosą, baziliką ir mėtas ir sumaišykite su žuvies padažu. Atidėti.

Sutrinkite visus padažo ingredientus, tada perlenkite užpilą per ryžius, kol ryžiai taps šviesiai žalios spalvos. Išvirtą žuvį sutarkuokite ir suberkite į ryžius.

33. Angelų plaukai su rūkyta lašiša

Išeiga: 4 porcijos

Ingredientas

- 8 uncijos Angelo plaukų makaronų; termiškai neapdorotas
- 6 uncijos rūkytos lašišos; plonais griežinėliais
- 3 šaukštai alyvuogių aliejaus
- 1 didelio česnako; smulkiai supjaustyta
- 2¼ puodelio pjaustytų; pomidorai su sėklomis
- ½ puodelio sauso baltojo vyno
- 3 šaukštai nusausintų didelių kaparėlių
- 1½ arbatinio šaukštelio Prieskonių salų krapų piktžolės
- 1½ arbatinio šaukštelio Prieskonių salų saldaus baziliko
- ½ puodelio parmezano sūrio; šviežiai tarkuotų
- 2 stiklinės pomidorų, vyno

Nurodymai:

Paruoškite makaronus pagal pakuotės nurodymus.

Tuo tarpu supjaustykite lašišą išilgai grūdų ½ colio pločio juostelėmis; atidėti.

Didelėje keptuvėje įkaitinkite aliejų ant vidutinės-stiprios ugnies, kol įkais; kepkite ir išmaišykite česnaką iki auksinės spalvos.

Sumaišykite kaparėlius, krapus ir bazilikus; virkite, kol mišinys įkais, retkarčiais pamaišydami.

Dideliame dubenyje sumaišykite makaronų ir pomidorų mišinį; mesti sujungti.

Įpilkite lašišos ir sūrio; lengvai mesti. Jei norite, papuoškite likusiais pomidorais ir petražolėmis.

34. Menkė su žolelėmis

Išeiga: 4 porcijos

Ingredientas

- 3 puodeliai Vandens
- ½ puodelio supjaustyto saliero
- 1 pakelis tirpaus vištienos sultinio
- ½ citrinos
- 2 šaukštai dehidratuotų svogūnų dribsnių
- 1 arbatinis šaukštelis Šviežių petražolių, kapotų
- ½ kiekvieno lauro lapelio
- ⅛ arbatinio šaukštelio maltų gvazdikėlių
- ⅛ arbatinio šaukštelio čiobrelių
- 4 menkės kepsniai be kaulų ir nulupti
- 2 vidutinio dydžio pomidorai, supjaustyti per pusę
- 2 vidutinės žaliosios paprikos, išskobtos ir perpjautos pusiau

Nurodymai:

12 colių keptuvėje sumaišykite vandenį, salierą, sultinio mišinį, citriną, svogūnų dribsnius, petražoles, lauro lapą, gvazdikėlius ir čiobrelius. Užvirinkite, tada sumažinkite ugnį, kol užvirs. Įdėkite žuvį ir troškinkite 5–7 minutes. Sudėkite pomidorų ir žaliosios paprikos puseles ir baikite virti, kol žuvis lengvai susitrauks. Išimkite žuvį ir daržoves, laikykite šiltai.

Virkite skystį, kol sumažės per pusę. Išimkite citriną ir lauro lapą. Skystį ir pusę virtų pomidorų bei paprikų sudėkite į maišytuvo indą. Ištrinkite iki vientisos masės

Supilkite ant žuvies ir likusių pomidorų bei paprikų.

35. Šaltai kepta lašiša

Išeiga: 1 porcija

Ingredientas

- 6 Be odos; (6 uncijos) lašišos filė
- Druska ir baltieji pipirai
- 3 puodeliai žuvies sultinio arba moliuskų sulčių
- 1 ryšelis raudonėlio
- 1 krūva baziliko
- 1 krūva petražolių
- 1 ryšelis čiobrelių
- 6 pomidorai; nulupti, išsėti ir supjaustyti kubeliais
- $\frac{1}{2}$ puodelio aukščiausios kokybės pirmojo spaudimo alyvuogių aliejaus
- $1\frac{1}{2}$ šaukštelio druskos
- $\frac{1}{2}$ arbatinio šaukštelio Šviežiai maltų juodųjų pipirų

Nurodymai:

Lašišą viską pagardinkite druska ir pipirais

Sultinį arba sultis užvirinkite didelėje, orkaitei atsparioje keptuvėje. Įdėkite žuvį, kad jos vos liestųsi, ir vėl užvirinkite skystį. Pašaukite į orkaitę ir kepkite 5 minutes apversdami žuvį

Norėdami paruošti padažą, nuimkite stiebus ir smulkiai supjaustykite visas žoleles. Sumaišykite visus ingredientus nedideliame dubenyje ir pasidėkite į šaldytuvą.

36. Krapų žolelių filė

Išeiga: 4 porcijos

Ingredientas

- 2 svarai raudonojo snaperio filė
- ¾ arbatinio šaukštelio druskos
- ½ arbatinio šaukštelio maltų pipirų
- ½ puodelio alyvuogių aliejaus
- 1½ šaukšto maltų petražolių
- 1 valgomasis šaukštas maltų askaloninių česnakų, prieskonių
- 1 x hunter liofilizuotas arba šviežias
- 1 žiupsnelis raudonėlio
- ¼ puodelio šviežiai spaustų citrinų sulčių

Nurodymai:

Išdėliokite žuvį į vieną sluoksnį, aliejumi pateptą, negilią kepimo indą. Pabarstykite aliejumi, petražolėmis, askaloniniais česnakais, krapais ir raudonėliais. Kepkite iki 350 laipsnių F įkaitintoje orkaitėje, kol bandant šakute, minkštimas vos atsiskiria nuo 15 iki 20 minučių. Kepimo metu du kartus aptepkite keptuvės sultimis. Išimkite žuvį į serviravimo indą.

Sumaišykite citrinos sultis į keptuvės lašelius, tada užpilkite ant žuvies.

37. Traškiai kepta žuvis ir žolelės

Išeiga: 4 porcijos

Ingredientas

- po 4 baltos žuvies filė
- 1 valgomasis šaukštas Vanduo
- ⅛ arbatinio šaukštelio citrininių pipirų
- 1 arbatinis šaukštelis Neriebus margarinas, lydytas
- 1 kiaušinio baltymas
- ½ puodelio kukurūzų dribsnių trupinių
- 2 arbatiniai šaukšteliai kapotų šviežių petražolių

Nurodymai:

Įkaitinkite orkaitę 400 F. Lengvai apipurkškite daržovių purškikliu vidutinio dydžio negilią kepimo formą. Nuplaukite žuvį ir nusausinkite.

Nedideliame dubenyje išplakite kiaušinio baltymą su trupučiu vandens. Žuvį pamirkykite kiaušinio plakinyje, tada apvoliokite trupiniuose. Išdėliokite žuvį kepimo skardoje. Pabarstykite citrinpipirais ir petražolėmis, tada viską apšlakstykite margarinu.

Kepkite neuždengtą 20 minučių arba tol, kol žuvis lengvai išsiskirs

38. Fettuccine su krevetėmis

Išeiga: 2 porcijos

Ingredientas

- 1 pakuotė Lipton kreminės žolelių sriubos mišinio
- 8 uncijos krevetės
- 6 uncijos Fettuccini, virti
- $1\frac{3}{4}$ puodelio Pieno
- $\frac{1}{2}$ puodelio žirnių
- $\frac{1}{4}$ puodelio parmezano, tarkuoto

Nurodymai:

Sumaišykite sriubos mišinį su pienu ir užvirkite. Sudėkite krevetes ir žirnelius ir troškinkite 3 minutes, kol krevetės suminkštės. Pabarstykite karštais makaronais ir sūriu. Padaro 2 porcijas.

39. Midijos su česnaku

Išeiga: 1 porcija

Ingredientas

- 1 kilogramas Šviežios gyvos midijos
- 2 askaloniniai česnakai arba 1 mažas svogūnas
- 200 mililitrų sausas baltasis vynas
- 1 lauro lapas
- 1 petražolės šakelė
- 125 gramai sviesto
- 1 šaukštas kapotų petražolių; iki 2
- 2 skiltelės česnako; sutraiškytas
- Šviežiai malti juodieji pipirai
- 2 šaukštai šviežių baltų džiūvėsėlių užbaigimui
- 250 gramų jūros druskos pateikimui

Nurodymai:

Svogūną susmulkinkite ir sudėkite į gero dydžio keptuvę su vynu, lauro lapu, čiobreliais ir petražolėmis, tada padėkite juos iki troškinimo temperatūros. Įdėkite midijas, patikrinkite, ar jos uždarytos, ir išmeskite visas atidarytas midijas. Uždenkite keptuvę ir troškinkite 5 ar 6 minutes arba tol, kol midijos atsidarys.

Išplakite sviestą ir gerai įmaišykite petražoles ir česnaką su trupučiu juodųjų pipirų. Ant kiekvienos midijos uždėkite po 1/2 šaukštelio, šiek tiek pabarstykite džiūvėsėliais ir padėkite po karštomis kepsninėmis 2-3 minutėms.

Patiekite midijas karštas ant jūros druskos sluoksnio.

40. Karibų žuvis su vynu

Išeiga: 1 porcija

Ingredientas

- 1 puodelis Ryžių arba kuskuso – virti
- 4 lakštai pergamentinio popieriaus, folijos
- 2 mažos cukinijos
- 1 Čilės poblano
- Pasilo – plonomis juostelėmis
- 1 svaras kieta balta žuvis be kaulų
- 4 vidutinio dydžio pomidorai
- 10 juodųjų alyvuogių
- 1 arbatinis šaukštelis Susmulkinto šviežio baziliko
- Čiobreliai - peletrūnai
- Petražolės ir žalias svogūnas
- 1 Kiaušinis

Nurodymai:

Dėkite ant kepimo skardos ir kepkite 12 minučių arba kol žuvis iškeps! Į vidurį įdėkite ½ puodelio virtų ryžių.

Kiekvieną porciją užpilkite ½ puodelio cukinijos juostelių, gabalėliu žuvies, ¼ puodelio kubeliais pjaustytų pomidorų ir 3 plonomis Čilės juostelėmis.

Ant kiekvienos porcijos pabarstykite ketvirtadalį susmulkintų alyvuogių, o ant viršaus pabarstykite po ¼ šviežių žolelių.

Sumaišykite visus padažo ingredientus ir tyrę. Supilkite į nedidelį puodą ir užvirinkite ant vidutinės ugnies. Padermė

41. Velniai su česnakine žolele

Išeiga: 4 porcijos

Ingredientas

- 700 gramų velnių uodegų filė
- 85 gramai sviesto
- 2 skiltelės česnako - susmulkintos
- Kiaušinis (muštas)
- Vienos citrinos sultys
- 1 arbatinis šaukštelis Smulkiai pjaustytų žolelių
- Pagardinti miltais

Nurodymai:

Sviestą suminkštinkite ir suberkite žoleles bei česnaką. Atvėsinkite. -- Kiekvienoje velnio filė padarykite įpjovą ir supilkite atšaldytą žolelių sviestą. Sulenkite, kad uždengtumėte sviestą. Kiekvieną gabalėlį apibarstykite pagardintais miltais, pamirkykite išplaktame kiaušinyje ir apvoliokite džiūvėsėliuose. Tvirtai prispauskite trupinius ant žuvies.

Sudėkite žuvį į sviestu pateptą indą. Ant viršaus užlašinkite šiek tiek lydyto sviesto arba aliejaus ir citrinos sulčių. Kepkite 30-35 minutes 375F/190C temperatūroje.

Patiekite iš karto.

ŽOLĖLĖ KIAUŠIENA IR ĖVIENA

42. Kiaulienos kotletai su žolelėmis

Išeiga: 4 porcijos

Ingredientas

- 1 Kiaušinis
- ⅓ puodelis Sausi duonos trupiniai
- ¼ puodelio šviežio baziliko, susmulkinto
- 2 šaukštai Šviežias raudonėlis, susmulkintas
- 1 valgomasis šaukštas parmezano, šviežiai tarkuoto
- 1 arbatinis šaukštelis Šviežių čiobrelių, susmulkintų
- ½ arbatinio šaukštelio pipirų
- ¼ arbatinio šaukštelio druskos
- 1 svaras Greitai kepami kiaulienos kotletai
- 2 šaukštai Augalinis aliejus

Nurodymai:

Sekliame inde lengvai įmuškite kiaušinį. Atskirame sekliame inde sumaišykite duonos trupinius, baziliką, raudonėlį, parmezaną, čiobrelius, pipirus ir druską. Pamerkite kiaulieną į kiaušinį, kad gerai pasidengtų; įspauskite į duonos trupinių mišinį, apversdami, kad padengtumėte visą.

Didelėje keptuvėje įkaitinkite pusę aliejaus. Ant vidutinės ugnies; Kepkite kiaulieną dalimis ir, jei reikia, įpilkite likusio aliejaus, vieną kartą apversdami, 8-10 minučių arba tol, kol viduje liks tik rožinės spalvos atspalvis. Patiekite su naujomis raudonomis bulvėmis ir geltonomis pupelėmis.

43. Vienuolyno žolelių dešra

Išeiga: 1 porcija

Ingredientas

- 400 gramų liesos kiaulienos
- 400 gramų liesos jautienos
- 200 gramų žalių kiaulienos nugaros riebalų arba riebių
- Kiaulienos pilvas be odos
- 20 gramų druskos
- 2 arbatiniai šaukšteliai smulkiai maltų baltųjų pipirų
- 1 arbatinis šaukštelis čiobrelių
- 1 arbatinis šaukštelis mairūno
- 5 gabaliukai pimento
- 1 gabalas smulkiai sumaltas
- Cinamonas

Nurodymai:

Kiaulieną, jautieną ir riebalus sumalkite per 8 mm diską. Sumaišykite žoleles ir prieskonius ir pabarstykite ant mėsos masės ir viską sumaišykite rankomis 5-10 min.

Pritvirtinkite piltuvą prie maišytuvo ir užpildykite kiaulienos žarnas. Pasukite į pasirinktą ilgį.

44. Avienos filė su žolelėmis

Išeiga: 4 porcijos

Ingredientas

- 450 gramų ėrienos sprandinės filė
- 1 arbatinis šaukštelis džiovintų čiobrelių
- 1 arbatinis šaukštelis džiovintų rozmarinų
- 2 skiltelės česnako, smulkiai supjaustytos
- 2 šaukštai alyvuogių aliejaus
- Druska ir šviežiai malti juodieji pipirai

Nurodymai:

Kiekvieną ėriuko gabalėlį perpjaukite per pusę, tada perpjaukite išilgai, ne iki galo, ir atidarykite kaip knygą. Norint saugiai kepti kepsninėje, kiekvienas gabalas turi būti ne storesnis nei 2 cm/$\frac{3}{4}$ colio. Jei storesnis, kočėlu lengvai pamuškite tarp 2 maistinės plėvelės gabalėlių.

Dubenyje sumaišykite visus likusius ingredientus ir sudėkite ėrieną. Gerai išmaišykite, tada uždenkite ir palikite šaldytuve iki 48 valandų, retkarčiais apversdami.

Mėsą dėkite ant kepsninės ir kepkite po 4-5 minutes iš kiekvienos pusės.

Įsitikinkite, kad jis gerai iškepęs. Kepimo metu lengvai aptepkite marinatu.

45.

ŽOLELĖS DARŽOVĖS

45. Šparagai su žolelių užpilu

Išeiga: 4 porcijos

Ingredientas

- 1 svaras šparagų; stiebai nulupti
- 1 jei reikia
- 1 citrinos sultys ir žievelė
- ½ puodelio alyvuogių aliejaus
- 1 valgomasis šaukštas kapotų šviežių česnakų
- 1 valgomasis šaukštas smulkintų šviežių krapų
- 1 valgomasis šaukštas kapotų šviežių petražolių
- 1 arbatinis šaukštelis kapotų mėtų
- druskos
- šviežiai maltų juodųjų pipirų

Nurodymai:

Dideliame puode verdančio pasūdyto vandens blanširuokite šparagų ietis, kol suminkštės, bet nesuminkštės. Nusausinkite ir „smūgiuokite" ietis lediniame vandenyje, kad greitai atvėstų. Nusausinkite ir nusausinkite. Nedideliame dubenyje suplakite likusius ingredientus iki emulsijos; pagal skonį pagardinkite druska ir pipirais.

Prieš patiekdami šparagus apšlakstykite citrininiu užpilu.

46. Kukurūzų troškinys su žolelėmis

Išeiga: 1 porcija

Ingredientas

- 1 puodelis Pieno
- ½ puodelio majonezo
- 1 gerai išplaktas kiaušinis
- 1 skardinė Visas kukurūzų branduolys, nusausintas
- 1 puodelis žolelėmis pagardintos duonos įdaro mišinys
- 1 mažas svogūnas, susmulkintas
- 1 arbatinis šaukštelis petražolių dribsnių
- 1 puodelis sausų duonos trupinių
- 2 šaukštai Oleo

Nurodymai:

Sumaišykite pieną ir majonezą, gerai išmaišykite. Sudėkite kiaušinį, kukurūzus, įdarą, svogūną ir petražoles. Supilkite į riebalais išteptą ir miltais pabarstytą 8 colių apvalią kepimo formą. Supilkite duonos trupinius su ištirpintu oleo. Pabarstykite kukurūzų mišinį.

Kepkite 350 laipsnių temperatūroje 30 minučių.

47. Žolinė kukurūzų šukutė

Išeiga: 4 porcijos

Ingredientas

- 2 Kiaušiniai
- 2 skardinės kreminių kukurūzų (2 svarai)
- $\frac{1}{2}$ puodelio Pieno
- 4 šaukštai lydyto margarino
- 2 šaukštai malto svogūno
- $\frac{1}{2}$ arbatinio šaukštelio druskos
- $\frac{1}{4}$ arbatinio šaukštelio pipirų
- 2 puodeliai Paruošto mišinio prieskoninių žolelių įdaro

Nurodymai:

Vidutiniame dubenyje šiek tiek išplakite kiaušinius, įmaišykite kukurūzus, pieną, sviestą, svogūną, druską ir pipirus. Šaukštą $\frac{1}{2}$ kukurūzų mišinio supilkite į riebalais išteptą 8 puodelių kepimo indą; pabarstykite įdaru lygiu sluoksniu ant viršaus; šaukštu likusį kukurūzų mišinį ant įdaro

Kepkite 350 laipsnių temperatūroje 1 valandą arba tol, kol centras beveik sustings, bet vis tiek šiek tiek drėgnas

48. Kepti žolelių ryžiai su pekano riešutais

Išeiga: 4 porcijos

Ingredientas

- 6 šaukštai sviesto
- 1 puodelis pjaustytų šviežių grybų
- ½ puodelio kapotų askaloninių česnakų
- 1 puodelis ilgagrūdžių ryžių
- ½ puodelio kapotų pekano riešutų - skrudinti
- 1¼ puodelio sultinio
- Druska ir šviežiai malti pipirai
- 1 valgomasis šaukštas Worcestershire padažo
- 1 arbatinis šaukštelis džiovintų čiobrelių
- 1 arbatinis šaukštelis džiovintų rozmarinų
- 2 uncijos Pimentos – susmulkinti
- 2 šaukštai kapotų -- šviežių petražolių
- Tabasco pagal skonį
- 2 lauro lapai

Nurodymai:

Įkaitinkite orkaitę iki 350 laipsnių. Sunkioje, orkaitei atsparioje keptuvėje ištirpinkite sviestą.

Pakepinkite grybus ir askaloninius česnakus, kol suminkštės

Suberkite ryžius ir pekano riešutus ir maišykite, kol pasidengs sviestu. Sudėkite likusius ingredientus ir užvirkite. Nukelkite nuo ugnies, uždenkite ir kepkite 1 valandą arba kol ryžiai suminkštės. Pašalinti lauro lapus; papuoškite pekano riešutais ir patiekite karštą.

49. Daržovių salotos

Išeiga: 6 porcijos

Ingredientas

- 1½ svaro šparagų
- 3 plonos morkos, nuluptos
- ¼ svaro Cukrinių žirnelių
- 1 vidutinė česnako skiltelė, nulupta ir susmulkinta
- 2 arbatiniai šaukšteliai kaimiškų Dižono garstyčių
- 2 šaukštai citrinos sulčių
- 1 valgomasis šaukštas ryžių arba baltojo vyno acto
- Druska ir šviežiai malti pipirai pagal skonį
- 2 šaukštai maltų žolelių
- 3 slyviniai pomidorai, plonais griežinėliais

Nurodymai:

Puodą vandens užvirinkite. Sudėkite šparagus. Sudėkite morkas ir žirnius; laikas 2 minutes. Nusausinkite ir panardinkite daržoves į ledinį vandenį.

Kai daržovės atvės, nusausinkite ir suvyniokite į popierinius rankšluosčius. Sudėkite į plastikinį maišelį ir atšaldykite.

Blenderyje arba nedideliame virtuviniame kombainu sumaišykite česnaką, garstyčias, citrinos sultis ir actą. Lėtai supilkite aliejų, maišykite iki emulsijos. Įpilkite druskos, pipirų ir žolelių.

Skaitydami, kad patiektumėte, sumaišykite šparagus, morkas ir žirnius su pomidorais. Padažą užpilkite ant daržovių, maišykite, kol gerai apskrus.

50. Avinžirnių ir žolelių salotos

Išeiga: 2 porcijos

Ingredientas

- 1 skardinė avinžirnių (16 uncijų)
- 1 vidutinis agurkas, nuluptas
- 1 didelis pomidoras
- 1 raudonoji paprika, išsmulkinta ir supjaustyta kubeliais
- 2 Svogūnėliai, susmulkinti
- 1 avokadas
- ⅓ puodelis alyvuogių aliejaus
- 1 citrina
- ¼ arbatinio šaukštelio druskos
- ⅛ arbatinio šaukštelio baltųjų pipirų
- 8 Susmulkinti švieži bazilikų lapai
- ⅓ puodelis Krapai, švieži

Nurodymai:

Avinžirnius nusausinkite ir gerai nuplaukite. Agurką supjaustykite plonais griežinėliais, tada perpjaukite per pusę. Pomidorą supjaustykite griežinėliais, tada perpjaukite per pusę. Į dubenį sudėkite agurkus ir pomidorų gabalėlius, taip pat raudonuosius pipirus ir svogūnus. Atidėti. Supjaustykite avokadą. Sudėkite į didelį dubenį, įpilkite aliejaus ir pusės citrinos sulčių.

Įpilkite druskos, pipirų ir baziliko. Išmaišykite šakute (avokadas bus kremas). Į avokadų mišinį sudėkite daržoves ir krapus. Švelniai išmeskite. Sudėkite avinžirnius, sumaišykite. Paragaukite ir pagal poreikį įberkite daugiau citrinos, druskos ir pipirų. Tarnauti. Galima paruošti iš anksto ir atšaldyti.

51. Vasarinė moliūgų sriuba

Išeiga: 1 porcija

Ingredientas

- 4 vidutinės cukinijos; nuplauti, supjaustyti 1"
- 1 didelis geltonasis moliūgas; nuplauti, supjaustyti 1"
- 1 moliūgo pyragas; ketvirčiais
- 1 didelio svogūno; plonais griežinėliais
- 1 arbatinis šaukštelis česnako; smulkiai sumalti
- 3 puodeliai vištienos sultinio; be riebalų (nuo 3 iki 3,5)
- Druska ir šviežiai malti baltieji pipirai; paragauti
- 2 šaukštai šviežio baziliko; smulkiai supjaustyta
- 2 šaukštai šviežių petražolių; smulkiai supjaustyta
- 1 valgomasis šaukštas citrinos sulčių
- 1 puodelis pasukų
- Šviežias bazilikas; susmulkinti

- Šviežios petražolės; susmulkinti

Nurodymai:

Į didelį puodą sudėkite visus moliūgus. Sudėkite svogūną, česnaką, sultinį, druską ir pipirus; užvirkite, uždenkite, sumažinkite ugnį ir troškinkite 20-25 minutes.

Sutrinkite virtuviniu kombainu arba trintuvu su baziliku, petražolėmis ir citrinos sultimis iki vientisos masės

Įmaišykite pasukas

Paruošę patiekti, išplakite iki vientisos masės ir pagardinkite druska bei pipirais.

52. Šviežios žolelės ir parmezanas

Išeiga: 6 porcijos

Ingredientas

- 5 stiklinės vištienos arba daržovių sultinio
- 3 šaukštai alyvuogių aliejaus
- ½ didelio svogūno; susmulkinti
- 1½ puodelio Arborio ryžių
- ½ puodelio sauso baltojo vyno
- ¾ puodelio parmezano sūrio; tarkuotų
- 1 puodelis sumaišytų šviežių žolelių
- ½ puodelio skrudintų raudonųjų pipirų; susmulkinti
- Druskos ir pipirų; paragauti

Nurodymai:

Nedideliame puode ant stiprios ugnies užvirinkite sultinį. Sumažinkite ugnį iki minimumo ir laikykite skystį karštą.

Pakepinkite svogūną, suberkite ryžius ir maišykite, kol grūdelių centre atsiras balta dėmė, maždaug 1 minutę. Įpilkite vyno ir maišykite, kol jis susigers. Lėtai maišydami pilkite sultinį.

Įpilkite ¾ puodelio parmezano sūrio, žolelių, skrudintų paprikų ir pagal skonį druskos bei pipirų. Išmaišykite, kad susimaišytų.

53. Žolelių daržovių konfeti

Išeiga: 1 porcija

Ingredientas

- 3 vidutinės morkos; nulupti
- 1 vidutinė cukinija; apkarpyti galai
- 1 arbatinis šaukštelis Alyvuogių aliejaus
- $\frac{1}{8}$ arbatinio šaukštelio malto muskato riešuto
- $\frac{1}{8}$ arbatinio šaukštelio čiobrelių

Nurodymai:

Morkas ir cukinijas susmulkinkite stambia tarka.

Vidutinio dydžio keptuvėje įkaitinkite aliejų ant vidutinės-stiprios ugnies. Įmaišykite daržoves, muskato riešutą ir čiobrelius. Virkite 3-4 minutes, retkarčiais pamaišydami, kol daržovės suvys.

54. Bavariška žolelių sriuba

Išeiga: 4 porcijos

Ingredientas

- 1 svaras žolelių
- 4 šaukštai sviesto
- 1 didelis svogūnas, susmulkintas
- 1 litras vandens arba daržovių sultinio
- 1 didelė bulvė, nulupta ir supjaustyta mažais kubeliais
- druskos ir pipirų
- duonos kubeliai skrebučiams
- vyšnios, rėžiukai, špinatai, rūgštynės

Nurodymai:

Gilioje keptuvėje ištirpinkite sviestą ir švelniai pakepinkite svogūną iki skaidrumo. Suberkite žoleles ir prieš pildami vandenį ar sultinį, akimirką jas pakaitinkite. Į sriubą įdėkite bulves. Sriubą užvirinkite, tada sumažinkite ugnį. Troškinkite 20 minučių. Bulvę sutrinkite srioboje, kad ji šiek tiek sutirštėtų. Paragaukite, įberkite druskos ir šviežiai maltų pipirų.

Patiekite su duonos skrebučiais, keptais svieste arba šoninės riebaluose

55. Skrudinti žoliniai miežiai

Išeiga: 1 porcija

Ingredientas

- 1 didelis svogūnas
- ½ lazdelės sviesto
- ½ svaro šviežių grybų, supjaustytų griežinėliais
- 1 puodelis perlinių kruopų
- 1 arbatinis šaukštelis druskos
- 3 puodeliai daržovių sultinio
- 1 arbatinis šaukštelis čiobrelių
- ½ arbatinio šaukštelio mairūno
- ½ arbatinio šaukštelio rozmarino
- ¼ arbatinio šaukštelio šalavijų
- ½ arbatinio šaukštelio vasaros pikantiško

Nurodymai:

Smulkiai supjaustykite svogūną. Didelėje, orkaitei atsparioje keptuvėje, svogūną pakepinkite svieste apie 5 minutes, kol jis taps skaidrus. Sudėkite grybus ir kepkite dar 3 minutes. Sumaišykite visus kitus ingredientus, išskyrus sultinį, prieš pridėdami sutrinkite žoleles.

Troškinkite ant vidutiniškai stiprios ugnies, kelias minutes maišydami, kad miežiai pasidengtų

Atskiroje keptuvėje pašildykite sultinį ir, kai karštas, supilkite sultinį į miežių mišinį.

Uždenkite keptuvę folija ir kepkite apie valandą iki 350 laipsnių (F.) įkaitintoje orkaitėje.

56. Anakardžių kepsnys su žolelių įdaru

Išeiga: 1 kepsnys

Ingredientas

- 2 uncijos sviesto
- 1 didelio svogūno; supjaustyti
- 8 uncijos Neskrudinti anakardžių riešutai
- 4 uncijos baltos duonos; pašalintos plutos
- 2 didelės česnako skiltelės
- Druska ir šviežiai malti juodieji pipirai
- Tarkuoto muskato riešuto
- 1 valgomasis šaukštas citrinos sulčių
- 2 uncijos sviesto (arba margarino)
- 1 mažas svogūnas; tarkuotų
- ½ arbatinio šaukštelio čiobrelių
- ½ arbatinio šaukštelio mairūno
- 1 uncija petražolių; susmulkinti

Nurodymai:

Orkaitę nustatykite į 200 C/400 F/Gas Mark 6 ir išklokite 450 g/1 svaro kepimo formą ilga nepridegančio popieriaus juostele; naudokite šiek tiek sviesto, kad gerai išteptumėte skardą ir popierių. Vidutinio dydžio puode ištirpinkite didžiąją dalį likusio sviesto, suberkite svogūną ir pakepinkite apie 10 minučių, kol suminkštės, bet neparus. Nukelkite nuo ugnies.

Anakardžių riešutus susmulkinkite virtuviniu kombainu su duona ir česnaku ir suberkite į svogūną kartu su vandeniu arba sultiniu, druska, pipirais, tarkuotu muskato riešutu ir citrinos sultimis pagal skonį. Sumaišykite visus įdaro ingredientus.

57. Kasha su džiovintais vaisiais

Išeiga: 6 porcijos

Ingredientas

- 2 šaukštai rapsų aliejaus
- 1 didelis svogūnas (-ai), smulkiai pjaustytas
- 3-4 saliero stiebeliai
- 2 šaukštai Šalavijas, maltas
- 2 šaukštai čiobrelių lapelių
- Druska ir pipirai pagal skonį
- 1 citrinos žievelė, susmulkinta
- 4 puodeliai virtų nesmulkintų kasha kruopų, virtų vištienos sultinyje, kad būtų suteiktas papildomo skonio
- 1 puodelis kubeliais pjaustytų sumaišytų džiovintų vaisių
- $\frac{1}{2}$ puodelio skrudintų graikinių riešutų

Nurodymai:

Didelėje keptuvėje įkaitinkite aliejų ir pakepinkite svogūnus, retkarčiais pamaišydami, kol suvys. Įpilkite salierų, šalavijų, čiobrelių, druskos ir pipirų ir maišydami virkite dar 5 minutes.

Įmaišykite citrinos žievelę ir sumaišykite su virta kasha. Džiovintus vaisius troškinkite daržovių garintuve, kad suminkštėtų ir suberkite kartu su graikiniais riešutais.

Patiekite karštą kaip garnyrą arba naudokite kaip įdarą.

ŽOLELĖS DESERTAI

58. Ledai su citrinų žolelėmis

Išeiga: 1 partija

Ingredientas

- 1½ stiklinės plakamosios grietinėlės
- 1½ stiklinės pieno
- ⅔ puodelis Cukrus
- 3 Kiaušinių tryniai
- ½ arbatinio šaukštelio vanilės ekstrakto
- ½ citrinos žievelės ir citrinos sulčių
- ¼ puodelio citrininės verbenos lapų
- ¼ puodelio melisos lapelių

Nurodymai:

Išmaišykite ir kaitinkite grietinėlę, pieną ir cukrų, kol cukrus ištirps.

Nedideliame dubenyje lengvai išplakite kiaušinių trynius. Į dubenį supilkite 1 puodelį karšto grietinėlės mišinio. Nuolat maišykite mediniu šaukštu. Įmaišykite vanilę. Į karštą ledų pagrindą įmaišykite citrinos žievelę, citrinos sultis ir kietai supakuotas citrinų žoleles.

Supilkite mišinį į ledų gaminimo aparatą ir užšaldykite pagal gamintojo nurodymus.

59. Žolelių želė

Išeiga: 8 puspinčiai

Ingredientas

- $1\frac{1}{2}$ puodelio žolelių lapų, šviežių
- $3\frac{1}{2}$ stiklinės cukraus
- 1 lašas maistinių dažų, žalias
- $2\frac{1}{4}$ puodelio; Vanduo, šalta
- 2 šaukštai citrinos sulčių
- Pektinas, skystas; maišelis + 2 t.

Nurodymai:

Puode sumaišykite žoleles ir vandenį; visiškai užvirkite, uždenkite ir nukelkite nuo ugnies, kad pastovėtų 15 minučių. Supilkite į želė maišelį ir leiskite nuvarvėti vieną valandą. Turėtumėte išgerti $1-\frac{3}{4}$ puodelio infuzijos.

Sumaišykite užpilą, citrinos sultis, cukrų ir maistinius dažus ir virkite ant stiprios ugnies, kol visiškai užvirs. Įpilkite skysto pektino ir nuolat maišydami vėl užvirkite.

Nukelkite nuo ugnies, nugriebkite putas ir supilkite į sterilizuotus puslitros želė indelius, palikdami ¼ colio vietos. Vykdykite taip, kaip su vaisių drebučiais.

60. Žolelių citrininiai sausainiai

Išeiga: 1 partija

Ingredientas

- 1 puodelis Sviesto
- 2 stiklinės cukraus; padalintas
- 2 Kiaušiniai
- 1 arbatinis šaukštelis vanilės ekstrakto
- 2½ stiklinės miltų
- 2 arbatiniai šaukšteliai Kepimo milteliai
- ¼ arbatinio šaukštelio druskos
- ⅓ puodelis Džiovintų citrininių žolelių
- ⅓ puodelio viso: žolės

Nurodymai:

Grietinėlės sviestas ir 1¾ stiklinės cukraus

Įpilkite kiaušinių ir vanilės; gerai mušti.

Sumaišykite miltus, kepimo miltelius, druską ir žoleles. Sudėkite į kreminį mišinį; sumaišyti.

Arbatiniais šaukšteliais 3 colių atstumu vienas nuo kito numeskite tešlą ant riebalais ištepto sausainių skardos.

Kepkite 350 F. temperatūroje 8–10 minučių arba kol vos paruduos. Šiek tiek atvėsinkite, tada išimkite ant grotelių.

61. Vištienos pyragas su žolelėmis

Išeiga: 4 porcijos

Ingredientas

- 2 šaukštai Sviesto
- 1 svogūnas, susmulkintas
- ½ arbatinio šaukštelio maltų šviežių šalavijų ir čiobrelių
- 2 arbatiniai šaukšteliai malto šviežio česnako
- 2 šaukštai maltų žaliųjų pipirų
- 2 šaukštai Miltų
- 1½-1 3/4 puodelio vištienos sultinio
- 2 puodeliai virtos vištienos
- 1 valgomasis šaukštas pjaustytų saldžiųjų mairūnų
- 1 puodelis Geltonosios ropės
- 2 puodeliai Vaškinių bulvių
- 2 puodeliai Morkos, nuluptos ir supjaustytos

- Druska, Kajeno pipirai

Nurodymai:

Sunkiame puode ištirpinkite sviestą ir suberkite svogūną, šalavijus ir čiobrelius. Įmaišykite česnaką ir žaliuosius pipirus.

Ropes ir bulves 5 minutes pavirkite verdančiame vandenyje. Sudėkite morkas ir kepkite dar 3 minutes.

Įpjaukite patrumpinimą. Šakute įmaišykite pieną. Tešlą paglostykite kartu. Tešlą paglostykite iki 1 colio storio. Sausainius supjaustykite biskvito pjaustytuvu.

62. Žolelių popover mišinys

Išeiga: 1 porcija

Ingredientas

- 2 puodeliai Miltų
- 1 arbatinis šaukštelis druskos
- ¼ arbatinio šaukštelio čiobrelių
- ¼ arbatinio šaukštelio trupinto šalavijo
POPOVERS:
- 8 šaukštai sviesto
- 1 pakuotė Mišinys
- 2 puodeliai Pieno
- 6 Kiaušiniai
- Sumaišykite: sumaišykite ir laikykite sandariame inde.

Nurodymai:

Žolelių puodukai: įkaitinkite orkaitę iki 400 laipsnių ir įdėkite sviestą į kiekvieną iš 8 puodukų arba formelių. Pašaukite į orkaitę, kad ištirptų sviestas.

Dideliame dubenyje sumaišykite mišinį, pieną ir kiaušinius ir šluotele plakite iki vientisos masės. Supilkite į paruoštus puodelius iki ⅔ pilnas.

ŽOLĖLĖS DUONOS

63. Žolelių suktinukai

Išeiga: 12 porcijų

Ingredientas

- 4 šaukštai sviesto arba margarino
- 3 šaukštai Smulkiai supjaustyto svogūno
- 1 skiltelė česnako; malta
- ¾ arbatinio šaukštelio džiovinto raudonėlio
- ¾ arbatinio šaukštelio džiovinto baziliko
- ¾ arbatinio šaukštelio džiovinto peletrūno
- 1 puodelis Vandens
- 3 puodeliai universalių miltų
- 1 arbatinis šaukštelis druskos
- 1½ arbatinio šaukštelio cukraus
- 1½ arbatinio šaukštelio Red Star mielių

Nurodymai:

Ištirpinkite sviestą. Sudėkite svogūną, česnaką ir žoleles. Troškinkite ant vidutinės ugnies

Sudėkite visus ingredientus į duonos skardą ir pasirinkite Tešlos nustatymą, paspauskite Pradėti.

Išverskite tešlą ir švelniai iškočiokite ir ištempkite tešlą į 24 colių virvę.

Aštriu peiliu tešlą padalinkite į 18 dalių. Susukite į rutuliukus ir sudėkite į riebalais pateptas bandelių formeles. Kepkite 400~ orkaitėje 12-15 min., kol taps auksinės spalvos

64. Sodo žolelių duona

Išeiga: 8 porcijos

Ingredientas

- ¾ puodelio vandens
- 2 stiklinės baltos duonos miltų
- 1 valgomasis šaukštas sauso pieno
- 1 valgomasis šaukštas cukraus
- 1 arbatinis šaukštelis druskos
- 1 valgomasis šaukštas sviesto
- 3 stiklinės baltos duonos miltų
- 2 šaukštai sauso pieno
- 2 šaukštai Cukrus
- 1½ šaukštelio druskos
- 2 šaukštai Sviesto
- 1 arbatinis šaukštelis česnako/mairūnas/čiobrelis
- ½ arbatinio šaukštelio baziliko
- 2 arbatiniai šaukšteliai aktyvių sausų mielių

Nurodymai:

Dėl visų tų aromatingų džiovintų žolelių kalakutienos įdaro kvapas užpildys jūsų namus, kol kepa ši kvapni duona.

Šis kepalas puikiai tinka bet kokiam šaltam mėsos sumuštiniui, apie kurį galite svajoti, įskaitant kalakutą ir spanguolių. Taip pat gaminami skanūs skrebučiai.

Vykdykite duonos mašinos nurodymus.

65. Levandų žolelių duona

Išeiga: 1 kepalas

Ingredientas

- 1 pakelis aktyvių sausų mielių
- ¼ puodelio; Šiltas vanduo
- 1 puodelis Neriebios varškės
- ¼ puodelio medaus
- 2 šaukštai Sviesto
- 1 arbatinis šaukštelis Džiovintų levandų pumpurų
- 1 valgomasis šaukštas šviežių citrininių čiobrelių
- ½ šaukšto šviežio baziliko; smulkiai supjaustyta
- ¼ arbatinio šaukštelio kepimo soda
- 2 Kiaušiniai
- 2½ stiklinės nebalintų miltų
- Sviestas

Nurodymai:

Mažame dubenyjeištirpinkite mieles vandenyje.

Didesniame dubenyje sumaišykite varškę, medų, sviestą, žoleles, sodą ir kiaušinius. Įmaišykite mielių mišinį. Palaipsniui suberkite miltus, kad susidarytų standi tešla, po kiekvieno įdėjimo gerai išplakite.

Uždenkite ir palikite pakilti apie 1 valandą arba kol masė padvigubės.

Išmaišykite tešlą šaukštu. Sudėkite į gerai riebalais pateptą troškintuvą

Didelį kepalą kepkite 350 F temperatūroje vieną valandą, mažus – 20–30 minučių.

66. Čedaro kviečių žolelių pusmėnuliai

Ingredientas

- 2¾ puodelio pieno
- 1 valgomasis šaukštas cukraus
- 1 pakelis aktyvių sausų mielių
- 5½ stiklinės pilno grūdo kvietinių miltų
- 2 arbatiniai šaukšteliai druskos
- 1 Kiaušiniai
- 3 šaukštai Sviesto
- ¾ stiklinės miltų
- 1½ puodelio tarkuoto čederio sūrio
- 2 šaukštai sezamo sėklų
- 1 valgomasis šaukštas džiovinto baziliko ir 1 valgomasis šaukštas raudonėlio
- Citrinos sulčių

Nurodymai:

Dideliame dubenyje sumaišykite pieną ir cukrų, pabarstykite ant mielių, leiskite suminkštėti. Suberkite 3½ stiklinės miltų, uždenkite ir palikite 15 minučių. Įmuškite druską ir kiaušinį, tada sudėkite sviestą. Išverskite ir minkykite ant miltais pabarstytos lentos 10 minučių. Sudėkite į riebalais išteptą dubenį, apverskite, uždenkite, leiskite pakilti, kol padvigubės.

Išmuškite tešlą, palaipsniui minkydami sūrį. Tešlą padalinkite į ketvirtąsias dalis. Kiekvieną susukite į ratą

Ištepkite iškočiotą tešlą žolelių sviestu, supjaustykite griežinėliais, susukite, padėkite ant kepimo skardos. Laisvai uždenkite. Pakartokite su likusia tešla. Kepkite 375 laipsnių F, 25 minutes.

67. Kukurūzų miltų žolelių duona

Išeiga: 1 porcija

Ingredientas

- 1 pakelis (5/16 uncijų) mielių
- 1 stiklinė nebalintų miltų
- ¾ puodelio duonos miltų
- ½ puodelio baltų arba geltonų kukurūzų miltų
- 4 šaukštai Šviežių, kapotų žolelių
- 1 valgomasis šaukštas Augalinis aliejus
- 1 arbatinis šaukštelis druskos
- 1 valgomasis šaukštas cukraus
- ⅞ puodelio vandens
- Laiškiniai česnakai, kalendra, itališkos petražolės arba bazilikas, ARBA 4 arbatiniai šaukšteliai sausų žolelių.

Nurodymai:

Sudėkite visus ingredientus nurodyta tvarka į duonos mašiną, pasirinkite BALTĄ duoną ir paspauskite Pradėti.

Patiekite šiltą su saldžiu sviestu.

68. Kaimo žolelių pusmėnuliai

Išeiga: 8 porcijos

Ingredientas

- 1 skardinė (8oz.) Pillsbury Crescent
- Vakarienės suktinukai
- 1 valgomasis šaukštas Pieninės grietinės
- ½ arbatinio šaukštelio Greitai susmulkinta arba susmulkinta
- Svogūnai
- ½ arbatinio šaukštelio džiovintų petražolių dribsnių
- ½ arbatinio šaukštelio Malto šalavijo
- ¼ arbatinio šaukštelio salierų druskos

Nurodymai:

Išvynioti tešlą; padalinti į 8 trikampius. Sumaišykite likusius ingredientus; tolygiai paskirstykite kiekviename trikampyje. Susukite, sudėkite ir kepkite pusmėnulius, kaip nurodyta pakuotės etiketėje.

ŽOLELĖS PARDUOTAI

69. Žolelių prieskoniai

Išeiga: 1 porcija

Ingredientas

- ½ arbatinio šaukštelio maltų aitriųjų pipirų
- 1 valgomasis šaukštas česnako miltelių
- 1 arbatinis šaukštelis Kiekvieno džiovinto baziliko, džiovinto mairūno, džiovintų čiobrelių, džiovintų petražolių,
- Džiovinti pikantiški, mace, svogūnai Milteliai, šviežiai malti juodieji pipirai, milteliai šalavijas.

Nurodymai:

Sumaišykite ingredientus, laikykite hermetiškame inde vėsioje sausoje, tamsioje vietoje iki šešių mėnesių.

70. Etiopijos žolelių mišinys (berbere)

Išeiga: 1 porcija

Ingredientas

- 2 arbatiniai šaukšteliai sveikų kmynų sėklų
- po 4 sveikus gvazdikėlius
- $\frac{3}{4}$ arbatinio šaukštelio juodojo kardamono sėklų
- $\frac{1}{2}$ arbatinio šaukštelio sveikų juodųjų pipirų
- $\frac{1}{4}$ arbatinio šaukštelio nesmulkintų kvapiųjų pipirų
- 1 arbatinis šaukštelis ožragės sėklų
- $\frac{1}{2}$ arbatinio šaukštelio sveikų kalendrų sėklų
- 10 mažų džiovintų raudonųjų čili pipirų
- $\frac{1}{2}$ arbatinio šaukštelio tarkuoto imbiero
- $\frac{1}{4}$ arbatinio šaukštelio ciberžolės
- $2\frac{1}{2}$ šaukšto saldžiosios vengriškos paprikos

- $\frac{1}{8}$ arbatinio šaukštelio cinamono
- $\frac{1}{8}$ arbatinio šaukštelio maltų gvazdikėlių

Nurodymai:

Nedidelėje keptuvėje ant nedidelės ugnies paskrudinkite kmynus, gvazdikėlius, kardamoną, pipirų žirnelius, kvapiuosius pipirus, ožragę ir kalendras apie 2 minutes nuolat maišydami.

Nukelkite nuo ugnies ir atvėsinkite 5 minutes. Išmeskite čili stiebus. Prieskonių trintuve arba grūstuve smulkiai sumalkite paskrudintus prieskonius ir čili.

Sumaišykite likusius ingredientus.

71. Žolelių salotų padažo mišinys

Išeiga: 1 porcija

Ingredientas

- ¼ puodelio petražolių dribsnių

- 2 šaukštai Kiekvienas džiovintas raudonėlis, bazilikas ir mairūnas, sutrupintas

- 2 šaukštai Cukrus

- 1 valgomasis šaukštas susmulkintų pankolių sėklų

- 1 valgomasis šaukštas sausų garstyčių

- 1½ arbatinio šaukštelio juodųjų pipirų

Nurodymai:

Sudėkite visus ingredientus į 1 pintos stiklainį, sandariai uždenkite ir gerai suplakite, kad susimaišytų. Laikyti vėsioje, tamsioje, sausoje vietoje

Pagaminsite 1 puodelį žolelių vinaigretės užpilui: mažame dubenyje sumaišykite 1 valgomąjį šaukštą žolelių salotų padažo mišinio, $\frac{3}{4}$ puodelio šilto vandens, $2\frac{1}{2}$ šaukšto peletrūno acto arba baltojo vyno acto, 1 šaukštą alyvuogių aliejaus ir 1 susmulkintą česnako skiltelę.

Paragaukite ir įpilkite $\frac{1}{4}$-$\frac{1}{2}$ arbatinio šaukštelio žolelių salotų padažo mišinio, jei norite stipresnio skonio. Prieš naudojimą leiskite pastovėti kambario temperatūroje mažiausiai 30 minučių, tada vėl išplakite.

72. Sumaišytas žolelių actas

Išeiga: 1 porcija

Ingredientas

- 1 pintos raudonojo vyno acto
- 1 gabalas sidro acto
- 2 Nuluptos, per pusę perpjautos česnako skiltelės
- 1 šakelė peletrūno
- 1 čiobrelio šakelė
- 2 šakelės šviežio raudonėlio
- 1 nedidelis saldaus baziliko stiebas
- 6 juodųjų pipirų žirneliai

Nurodymai:

Į litrą stiklainį supilkite raudonąjį vyną ir sidro actą. Sudėkite česnaką, žoleles, pipirų žirnelius ir uždenkite. Leiskite stovėti vėsioje vietoje, apsaugotoje nuo saulės, tris savaites. Retkarčiais pakratykite. Supilstykite į butelius ir sustokite kamščiu.

73. Mišrus žolelių pesto

Išeiga: 1 porcija

Ingredientas

- 1 puodelis supakuotų šviežių plokščialapių petražolių
- ½ puodelio supakuotų šviežių baziliko lapelių;
- 1 valgomasis šaukštas Šviežių čiobrelių lapelių
- 1 valgomasis šaukštas Šviežių rozmarinų lapelių
- 1 valgomasis šaukštas Šviežių peletrūno lapų
- ½ puodelio Šviežiai tarkuoto parmezano
- ⅓ puodelis alyvuogių aliejaus
- ¼ puodelio graikinių riešutų; skrudinta auksine
- 1 valgomasis šaukštas balzamiko acto

Nurodymai:

Virtuviniu kombainu sumaišykite visus ingredientus su druska ir pipirais pagal skonį iki vientisos masės. (Pesto konservai, paviršius padengtas plastikine plėvele, atšaldytas, 1 savaitė.)

74. Garstyčių-žolės marinatas

Išeiga: 1 porcija

Ingredientas

- ½ puodelio Dižono garstyčių
- 2 šaukštai sausų garstyčių
- 2 šaukštai Augalinis aliejus
- ¼ puodelio sauso baltojo vyno
- 2 šaukštai džiovinto peletrūno
- 2 šaukštai džiovintų čiobrelių
- 2 šaukštai Džiovintų šalavijų, susmulkintų

Nurodymai:

Dubenyje sumaišykite visus ingredientus. Leiskite pastovėti 1 valandą. Sudėkite vištieną arba žuvį ir gerai aptepkite. Leiskite pastovėti marinate. Išdžiovinkite popieriniais rankšluosčiais

Likusį marinatą naudokite žuvies ar vištienos aptepimui prieš pat išimdami iš grotelių.

75. Žolelių desertinis padažas

Išeiga: 1 porcija

Ingredientas

- ⅓ puodelis Sunkios grietinėlės
- ¾ puodelio pasukų
- 1 arbatinis šaukštelis tarkuotos citrinos žievelės
- ¼ arbatinio šaukštelio malto imbiero
- ⅛ arbatinio šaukštelio malto kardamono
- ¼ puodelio Garam masala, kvapiųjų pipirų arba
- Muskato riešutas

Nurodymai:

Plakite grietinėlę vidutinio dydžio atšaldytame dubenyje, kol susidarys minkštos smailės.

Sumaišykite likusius ingredientus mažame dubenyje ir švelniai įmaišykite į kremą. Padažas turi būti tirštos grietinėlės konsistencijos.

76. Citrusinių žolelių užpilas

Išeiga: 1 porcija

Ingredientas

- ½ vidutinio dydžio raudonosios paprikos,
- 2 vidutinio dydžio pomidorai, supjaustyti
- ½ puodelio Laisvai supakuoto šviežio baziliko
- 2 skiltelės česnako, susmulkintos
- ½ puodelio šviežių apelsinų sulčių
- ½ puodelio Laisvai supakuotų šviežių petražolių
- ¼ puodelio aviečių acto
- 1 valgomasis šaukštas sausų garstyčių
- 2 arbatiniai šaukšteliai Šviežių čiobrelių lapelių
- 2 arbatiniai šaukšteliai Šviežio peletrūno
- 2 arbatiniai šaukšteliai šviežio raudonėlio
- Malti juodieji pipirai

Nurodymai:

Visus ingredientus sumaišykite trintuvu arba virtuviniu kombainu ir plakite, kol iškeps.

77. Kotedžo-žolės užpilas

Išeiga: 6 porcijos

Ingredientas

- 1 valgomasis šaukštas Pienas
- 12 uncijų varškės
- 1 arbatinis šaukštelis citrinos sulčių
- 1 mažas svogūno griežinėlis – plonas
- 3 ridikėliai – perpjauti per pusę
- 1 arbatinis šaukštelis mišrių salotų žolelių
- 1 petražolių šakelė
- ¼ arbatinio šaukštelio druskos

Nurodymai:

Supilkite pieną, varškę ir citrinos sultis į maišytuvo indą ir sutrinkite iki vientisos masės. Į varškės mišinį sudėkite likusius ingredientus ir plakite, kol visos daržovės bus susmulkintos.

78. Provanso žolelių mišinys

Išeiga: 1 porcija

Ingredientas

- ½ puodelio džiovintų nesmulkintų čiobrelių

- ¼ puodelio viso džiovinto baziliko

- 2 šaukštai Visas džiovintas raudonėlis

- 2 šaukštai Viso džiovinto rozmarino

Kruopščiai sumaišykite prieskonius, kartu. Laikyti hermetiškame inde

79. Žolelių ir aliejaus marinatas

Išeiga: 1 porcija

Ingredientas

- 1 apelsino sultys ir žievelė
- ¼ puodelio citrinos sulčių
- ¼ puodelio augalinio aliejaus
- ½ arbatinio šaukštelio imbiero
- ½ arbatinio šaukštelio šalavijų
- 1 česnako skiltelė, susmulkinta
- Šviežiai malti pipirai

Nurodymai:

Sumaišykite Ingredientus. Leiskite mėsai marinuotis sekliame stikliniame inde 4 valandas šaldytuve. Kepdami arba kepdami ant grotelių aptepkite marinatu.

80. Lengvi žolelių actai

Išeiga: 1 porcija

Ingredientas

- 4 šakelės šviežio rozmarino

Nurodymai:

Norėdami pagaminti žolelių actą, nuplautas ir džiovintas žoleles ir visus prieskonius sudėkite į sterilizuotą 750 ml vyno butelį ir įpilkite maždaug 3 puodelius acto, užpildydami ¼ colio nuo viršaus. Nustokite uždėti naują kamštį ir atidėkite 2–3 savaitėms, kad išbrinktų. Acto tinkamumo laikas yra mažiausiai 1 metai.

Su raudonojo vyno actu naudokite: 4 šakeles šviežių garbanotų petražolių, 2 šaukštus juodųjų pipirų.

81. Rūgščių-čiobrelių pesto

Išeiga: 1 porcija

Ingredientas

- 1 puodelis rūgštynės
- 4 šaukštai askaloniniai česnakai; smulkiai sumalti
- 4 šaukštai pušies riešutų; žemės
- 3 šaukštų petražolių; susmulkinti
- 3 šaukštai laiškinio česnako; susmulkinti
- Nutarkuota 4 apelsinų žievelė
- $\frac{1}{4}$ svogūnai, raudoni; susmulkinti
- 1 valgomasis šaukštas garstyčių, sausos
- 1 arbatinis šaukštelis druskos
- 1 arbatinis šaukštelis pipirų, juodųjų
- 1 žiupsnelis pipirų, kajeno
- $\frac{3}{4}$ puodelio aliejaus. alyvuogių

Nurodymai:

Rūgštynės, askaloninius česnakus, pušies riešutus, petražoles, laiškinius česnakus, apelsino žievelę ir svogūną sutrinkite virtuviniu kombainu arba blenderiu.

Įpilkite sausų garstyčių, druskos, pipirų ir kajeno ir vėl išmaišykite. LĖTAI įlašinkite alyvos, kol ašmenys juda.

Perkelkite į grūdinto stiklo indus.

82. Agurkų žolelių užpilas

Išeiga: 12 porcijų

Ingredientas

- ½ puodelio petražolių
- 1 valgomasis šaukštas Šviežių krapų, maltų
- 1 arbatinis šaukštelis Šviežias peletrūnas, maltas
- 2 šaukštai obuolių sulčių koncentrato
- 1 vidutinis agurkas, nuluptas, be sėklų
- 1 skiltelė Česnakas, susmulkintas
- 2 Žalieji svogūnai
- 1½ arbatinio šaukštelio baltojo vyno acto
- ½ puodelio neriebaus jogurto
- ¼ arbatinio šaukštelio Dižono garstyčių

Nurodymai:

Sumaišykite visus ingredientus, išskyrus jogurtą ir garstyčias. Ištrinkite iki vientisos masės, įmaišykite jogurtą ir garstyčias. Laikyti šaldytuve

83. Žolelių pekano trina

Išeiga: 1 porcija

Ingredientas

- ½ puodelio Pekano riešutai - sulaužyti
- 3 skiltelės česnako – supjaustykite
- ½ puodelio šviežio raudonėlio
- ½ puodelio šviežių čiobrelių
- ½ arbatinio šaukštelio citrinos žievelės
- ½ arbatinio šaukštelio juodųjų pipirų
- ¼ arbatinio šaukštelio druskos
- ¼ puodelio kepimo aliejaus

Nurodymai:

Blenderyje arba virtuvės kombainu sumaišykite visus ingredientus, IŠSKYRUS aliejų.

Uždenkite ir keletą kartų išmaišykite, nubraukdami šonus, kol pasidarys pastaformų.

Kai mašina veikia, palaipsniui pilkite aliejų, kol mišinys pasidarys pasta.

Patrinkite ant žuvies ar vištienos.

84. Skanus žolelių užpilas

Išeiga: 1

Ingredientas

- ¾ puodelio baltųjų vynuogių sulčių; arba obuolių sultys
- ¼ puodelio baltojo vyno acto
- 2 šaukštai vaisių pektino miltelių
- 1 arbatinis šaukštelis Dižono garstyčių
- 2 skiltelės česnako; sutraiškytas
- 1 arbatinis šaukštelis džiovintų svogūnų dribsnių
- ½ arbatinio šaukštelio džiovinto baziliko
- ½ arbatinio šaukštelio džiovinto raudonėlio
- ¼ arbatinio šaukštelio juodųjų pipirų; stambiai sumaltas

Nurodymai:

Mažame dubenyje sumaišykite vynuogių sultis, actą ir pektiną; maišykite, kol pektinas ištirps. Sumaišykite garstyčias ir likusius ingredientus; gerai ismaisyti. Laikyti šaldytuve

85. Česnako-citrinos-žolės įtrinti

Išeiga: 1 porcija

Ingredientas

- ¼ puodelio česnako; malta

- ¼ puodelio citrinos žievelės; tarkuotų

- ½ puodelio petražolių; švieži, smulkiai pjaustyti

- 2 šaukštų čiobrelių; šviežiai pjaustytų

- 2 šaukštai rozmarino

- 2 šaukštai Šalavijas; švieži, pjaustyti

- ½ stiklinės alyvuogių aliejaus

Nurodymai:

Mažame dubenyje sumaišykite ingredientus ir gerai išmaišykite. Naudokite maišymo dieną.

86. Dolce latté žolelių padažas

Išeiga: 6 porcijos

Ingredientas

- 450 mililitrų Grietinė
- 150 gramų dolce latté; subyrėjo
- 1 valgomasis šaukštas citrinos sulčių
- 4 šaukštai majonezo
- 2 šaukštai Švelnios kario pastos
- 1 raudonos paprikos; kubeliais
- 1 50 gramų riebaus minkšto sūrio; (2 uncijos)
- 1 mažas svogūnas; smulkiai supjaustyti
- 2 šaukštai mišrių žolelių
- 2 šaukštai pomidorų tyrės
- Druska ir šviežiai malti juodieji pipirai
- Daržovių pyragaičiai ir pjaustyta pita duona

Nurodymai:

Grietinę padalinkite į 3 mažus dubenėlius. Į vieną dubenį supilkite dolce latté ir citrinos sultis, į kitą dubenį įdėkite 2 šaukštus majonezo, kario pastos ir raudonųjų pipirų. Į trečią dubenį sudėkite riebų minkštą sūrį, svogūną, žoleles ir pomidorų tyrę.

Į kiekvieną dubenį įberkite prieskonių pagal skonį ir gerai išmaišykite. Panardinimus perkelkite į serviravimo indus ir patiekite atšaldytą su daržovių kruopomis ir pjaustyta pita duona.

87. Prancūziškas žolelių mišinys

Išeiga: 2 puodeliai

Ingredientas

- ½ puodelio estragono
- ½ puodelio Chervil
- 2 šaukštai šalavijų lapų
- ½ puodelio čiobrelių
- 2 šaukštai rozmarino
- 5 šaukštai česnako
- 2 šaukštai Apelsinų žievelės, išdžiovintos
- 2 šaukštai salierų sėklų, sumaltų

Nurodymai:

Viską supilkite ir maišykite, kol gerai susimaišys. Supilstykite į mažus stiklainius ir etiketėmis

Naudodami sutrupinkite prieskonius rankoje.

Prieskonius matuokite pagal tūrį, o ne pagal svorį, nes labai skiriasi drėgmės kiekis.

88. Žolelių ir prieskonių sviestas

Išeiga: 1 porcija

Ingredientas

- 8 šaukštai suminkštinto sviesto
- 2 šaukštai Šviežias rozmarinas, susmulkintas
- 1 valgomasis šaukštas Šviežias peletrūnas, susmulkintas
- 1 valgomasis šaukštas Švieži laiškiniai česnakai, susmulkinti
- 1 valgomasis šaukštas kario miltelių

Nurodymai:

Minkštą sviestą išplakite iki kreminės masės. Sumaišykite likusius ingredientus.

Padėkite sviestą ant vaškuoto popieriaus ird plokščiaašmeniu peiliu suformuokite ritinį.

Leiskite sviestui pailsėti šaldytuve bent dvi valandas, kad sviestas visiškai sugertų žolelių skonį.

89. Žolelių daržovių užpilas

Išeiga: 1 porcija

Ingredientas

- ½ arbatinio šaukštelio šviežių petražolių
- ½ arbatinio šaukštelio Šviežio peletrūno
- ½ arbatinio šaukštelio Šviežių česnakų
- ½ arbatinio šaukštelio Šviežios vyšnios
- 3 šaukštai Vyno acto
- 9 šaukštai alyvuogių aliejaus
- 1 arbatinis šaukštelis Dižono garstyčių
- ½ arbatinio šaukštelio druskos
- ½ arbatinio šaukštelio juodųjų pipirų

Nurodymai:

Susmulkinkite šviežias žoleles, pasilikdami keletą lapelių, kad galėtumėte juos naudoti kaip garnyrą.

Visus ingredientus sudėkite į nedidelį maišymo dubenį. Energingai plakite vieliniu plaktuvu, kol gerai susimaišys.

Papuoškite šviežiais lapeliais ir nedelsdami patiekite.

90. Šoninės, pomidorų ir žolelių padažas

Išeiga: 1 porcija

Ingredientas

- 1 konteineris; (16 oz.) grietinės
- 1 valgomasis šaukštas bazilikas
- 1 valgomasis šaukštas Beau Monde prieskonių
- 1 vidutinio dydžio pomidoras
- 8 griežinėliai Šoninė išvirti ir sutrupinti

Nurodymai:

Vidutiniame dubenyje sumaišykite visus ingredientus, kol gerai susimaišys. Uždenkite ir atvėsinkite 2 valandas arba per naktį.

91.Česnakinių žolelių užtepėlė

Išeiga: 8 porcijos

Ingredientas

- 1 česnako galva
- 4 saulėje džiovintų pomidorų; nesupakuotas į aliejų
- 1 puodelis neriebaus jogurto sūrio
- ½ arbatinio šaukštelio klevų sirupo
- 2 šaukštai šviežio baziliko; susmulkinti
- ½ arbatinio šaukštelio raudonųjų pipirų dribsnių
- ¼ arbatinio šaukštelio jūros druskos; šviežiai sumaltas
- Itališkos duonos kepalas; griežinėliais; neprivaloma

Nurodymai:

Apvyniokite česnako galvutę į aliuminio foliją ir kepkite įkaitintoje 375 F orkaitėje 35 minutes.

Saulėje džiovintus pomidorus užvirinkite nedideliame kiekyje vandens. Palikite 15 minučių, tada nusausinkite ant popierinių rankšluosčių. Išdžiovinus smulkiai supjaustykite.

Visus ingredientus, išskyrus duoną, sumaišykite vieliniu šluotele. Leiskite sėdėti bent 30 minučių.

92. Chevre su žolelėmis užtepėlė

Išeiga: 8 porcijos

Ingredientas

- 4 uncijos paprasto kreminio sūrio
- 4 uncijos Chevre
- Šviežios žolelės - pagal skonį

Nurodymai:

Jei naudojate savo žoleles, rozmarinas, peletrūnas ir vasaros pikantiški prieskoniai yra geras pasirinkimas, atskirai arba kartu.

Užtepėlę naudokite sniego ar cukraus žirnelių įdėjimui, agurkų ar cukinijų gabalėliams, saldžiųjų sausainių, vandens sausainių ar šiek tiek paskrudintų miniatiūrinių beigelių užtepimui.

ŽOLELĖS GĖRIMAI

93. Aštrus žolelių likeris

Išeiga: 1 kv

Ingredientas

- 6 kardamono ankštys
- 3 arbatiniai šaukšteliai anyžių sėklų
- 2¼ arbatinio šaukštelio susmulkintos angeliko šaknies
- 1 cinamono lazdelė
- 1 gvazdikėlis
- ¼ arbatinio šaukštelio Mace
- 1 penktadalis degtinės
- 1 puodelis cukraus sirupo
- Talpykla: 1/2 galono stiklainis

Nurodymai:

Iš kardamono ankščių pašalinkite sėklas. Suberkite anyžių sėklas ir šakutės nugarėlėmis sutrinkite visus branduolius.

Įdėkite juos į 1 litro talpos indą, įpilkite angeliko šaknų, cinamono lazdelės, gvazdikėlių, makalų ir degtinės.

Mišinį gerai suplakite ir 1 savaitę laikykite spintelėje. Kelis kartus perpilkite per marle išklotą sietelį. Sumaišykite skystį su cukraus sirupu. Paruošta tarnauti

94. Vaisių žolelių šalta arbata

Išeiga: 1 porcija

Ingredientas

- 1 maišelis Tazo Passion arbatos
- 1 litras vandens
- 2 puodeliai šviežių apelsinų sulčių
- Oranžinis ratas
- Mėtų lapeliai

Nurodymai:

Arbatos maišelį įdėkite į 1 litrą verdančio vandens ir palikite 5 minutes.

Išimkite arbatos maišelį. Supilkite arbatą į 1 galono ąsotį, užpildytą ledu. Kai ledas ištirps, likusią ąsočio vietą užpildykite vandeniu.

Į kokteilių plaktuvą įpilkite pusės užplikytos arbatos ir pusės apelsinų sulčių. Gerai suplakite ir nukoškite į stiklinę su ledu. Papuoškite oranžiniu ratuku ir mėtų lapeliais.

95. Ledo žolelių aušintuvas

Išeiga: 6 porcijos

Ingredientas

- 4 stiklinės verdančio vandens;
- 8 Red Zinger arbatos pakeliai
- 12 uncijų obuolių sulčių koncentratas
- 1 apelsino sultys
- 1 citrina; supjaustyti
- 1 apelsinas; supjaustyti

Nurodymai:

Arbatos pakelius užpilkite verdančiu vandeniu. Leiskite arbatai tvirtinti, kol vanduo taps drungnas, todėl pagaminsite labai stiprią arbatą. Dideliame ąsotyje sumaišykite arbatą, obuolių sultis ir apelsinų sultis. Puodą papuoškite citrinos ir apelsino griežinėliais. Supilstykite į stiklines, užpildytas ledukais, ir papuoškite mėtomis.

Išeiga: 1 porcija

Ingredientas

- Maišelis džiovintų liepų gėlių
- Verdantis vanduo

Nurodymai:

Tiesiog į puodą įdėkite džiovintų gėlių, vieną mažą saują iki vidutinio arbatinuko. Supilkite verdantį vandenį ir gerai išmaišykite. Tarnauti.

Neleiskite mirkyti ilgiau nei keturias minutes, nes skonis bus prarastas.

96. Aviečių žolelių arbata

Išeiga: 8 porcijos

Ingredientas

- 2 Šeimos dydžio aviečių arbatos maišeliai
- 2 gervuogių arbatos pakeliai
- 2 juodųjų serbentų arbatos pakeliai
- 1 butelis putojančio obuolių sidro
- ½ puodelio Sulčių koncentratas
- ½ puodelio apelsinų sulčių
- ½ stiklinės cukraus

Nurodymai:

Sudėkite visus ingredientus į didelį ąsotį. Atvėsinkite. Savęs patiekiame su vaisiniais ledo kubeliais.

Rezervuokite tiek sulčių, kad užpildytumėte ledo kubelių dėklą, ir į kiekvieną kubelį dedame braškių ir mėlynių griežinėlius.

97.Kardamono arbata

Išeiga: 1 porcija

Ingredientas

- 15 kardamono sėklų vanduo
- ½ puodelio Pieno
- 2 lašai vanilės (iki 3 lašų)
- Medus

Nurodymai:

Dėl virškinimo sutrikimų sumaišykite 15 susmulkintų sėklų ½ puodelio karšto vandens. Įpilkite 1 unciją šviežio imbiero šaknies ir cinamono lazdelę.

Troškinkite 15 minučių ant silpnos ugnies. Įpilkite ½ puodelio pieno ir virkite dar 10 minučių. Įlašinkite 2-3 lašus vanilės. Pasaldinti medumi. Gerti nuo 1 iki 2 puodelių kasdien.

98. Sassafras arbata

PARDAVIMAS: 10

Ingridientai

- 4 sassafras šaknys
- 2 kvortai vandens
- cukraus ar medaus

Nurodymai:

Nuplaukite šaknis ir nupjaukite sodinukus ten, kur jie žali ir kur baigiasi šaknis.

Užvirinkite vandenį ir suberkite šaknis.

Troškinkite, kol vanduo taps sodriai rusvai raudonas (kuo tamsesnis, tuo stipresnis – man patinka stiprus).

Per vielą ir kavos filtrą perkoškite į ąsotį, jei nenorite nuosėdų.

Įdėkite medaus arba cukraus pagal skonį.

Patiekite karštą arba šaltą su citrina ir mėtų šakele.

99. Moringos arbata

Porcijos: 2

Ingredientass

- 800 ml vandens
- 5-6 mėtų lapeliai – suplėšyti
- 1 arbatinis šaukštelis kmynų sėklų
- 2 arbatiniai šaukšteliai Moringa miltelių
- 1 valgomasis šaukštas laimo / citrinos sulčių
- 1 arbatinis šaukštelis ekologiško medaus kaip saldiklis

Nurodymai:

Užvirinkite 4 puodelius vandens.

Įdėkite 5-6 mėtų lapelius ir 1 arbatinį šaukštelį kmynų sėklų / jeera.

Leiskite virti, kol vanduo sumažės iki pusės kiekio.

Kai vandens sumažės iki pusės, įpilkite 2 arbatinius šaukštelius Moringa miltelių.

Kaitrą sureguliuokite iki didelės, kai suputos ir pakils, ugnį išjunkite.

Uždenkite dangčiu ir palikite 4-5 minutes.

Po 5 minučių arbatą perkoškite į puodelį.

Įdėkite ekologiško medaus pagal skonį ir įspauskite šviežių laimo sulčių.

100. Šalavijų arbata

Ingridientai

- 6 švieži šalavijų lapai, palikti ant stiebo
- Verdantis vanduo
- Medus (arba agavų sirupas veganams)
- 1 citrinos skiltelė

Kryptys

Vandenį užvirinkite.

Kruopščiai nuplaukite šalavijus.

Įdėkite šalavijus į puodelį ir užpilkite verdančiu vandeniu. Leiskite žolelėms virti 5 minutes. (Kitas būdas: jei pageidaujate, prieš mirkant galite susmulkinti šalavijų lapus ir įdėti į arbatos sietelį.)

Pašalinkite šalavijus. Įmaišykite šlakelį medaus ir citrinos (reikalingas, kad skonis būtų geriausias).

IŠVADA

Norėdami išvalyti šviežias žoleles, panardinkite jas į šalto vandens vonią ir švelniai judinkite vandenyje, kad pašalintumėte nešvarumus ar šiukšles. Nukratykite vandens perteklių ir atsargiai nusausinkite žoleles popieriniais rankšluosčiais. Su subtilesnėmis žolelėmis, tokiomis kaip petražolės, kalendra ir vyšnia, reikia elgtis švelniai, palyginti su tvirtomis žolelėmis, pavyzdžiui, rozmarino ir čiobrelio šakelėmis.

Laikyti naudokite plastikinį maišelį arba indelį, pripildytą vandens. Lapines žoleles galima laikyti vertikaliai indelyje su vandeniu, o lapai kyšoti iš stiklainio viršaus. Visas žoleles taip pat galima laikyti tarp drėgnų popierinių rankšluosčių sandariame plastikiniame maišelyje šaldytuve.

MĖGAUKITE GAMINTI SU ŽOLELĖMIS!

www.ingramcontent.com/pod-product-compliance
Lightning Source LLC
Chambersburg PA
CBHW071600080526
44588CB00010B/974